简明传播学

胡学亮　著

知识产权出版社
全国百佳图书出版单位

图书在版编目（CIP）数据

简明传播学/ 胡学亮著. —北京：知识产权出版社，2014.10

ISBN 978-7-5130-3020-5

Ⅰ.①简… Ⅱ.①胡… Ⅲ.①传播学Ⅳ.①G206

中国版本图书馆CIP数据核字（2014）第221855号

内容提要

本书是一部简明的传播学专著，主要内容包括传播学理论、传播学发展简史和传播学研究方法。除了介绍传播学的一般概念外，重点阐述了传播学研究的五大领域即控制分析、内容分析、受众分析、媒介分析、效果分析的基本理论和主要观点。本书是作者在自己多年的《传播学》课程讲稿基础上修改补充完成的，并吸收了学术界最新的研究成果。其最大特点是材料丰富、论述精当。相较于其他传播学著述，本书更为通俗易懂，十分适合作为大学生学习传播学及相关课程的入门读物，也可供大专以上文化程度的一般读者学习使用。

责任编辑：唐学贵

执行编辑：于晓菲　　　　　　　　　责任出版：孙婷婷

简明传播学

JIANMING CHUANBOXUE

胡学亮　著

出版发行：	知识产权出版社有限责任公司	网　址：	http：// www.ipph.cn
电　话：	010 - 82004826		http：// www.laichushu.com
社　址：	北京市海淀区马甸南村1号	邮　编：	100088
责编电话：	010 - 82000860转8363	责编邮箱：	yuxiaofei@cnipr.com
发行电话：	010 - 82000860转8101 / 8573	发行传真：	010 - 82000893 / 82003279
印　刷：	北京中献拓方科技发展有限公司	经　销：	各大网上书店、新华书店及相关专业书店
开　本：	720mm×960mm　1/16	印　张：	10.25
版　次：	2014年10月第1版	印　次：	2014年10月第1次印刷
字　数：	166千字	定　价：	38.00元

ISBN 978 - 7 - 5130 - 3020 - 5

前　言

　　传播学是20世纪二三十年代从美国发展起来的,它是一门以人类社会信息传播活动为主要研究对象的一门交叉学科。受信息传播全球化趋势的影响,传播学已在世界范围内成为发展最快的学科之一。自从20个世纪70年代传播学引进中国大陆后,尽管期间经历过一些曲折,但经过我国大陆学者三十多年的消化吸收,已经成为国内一门"显学"了。有关的论文、著作可谓汗牛充栋。全国已有数百所高校设立了新闻传播学学科及其相关专业,其中复旦大学、中国人民大学、武汉大学、中国传媒大学、华中科技大学等高等院校很早就建有新闻传播学一级学科点,截至2012年底,大陆有18家高校拥有新闻传播学博士点,至于硕士点就更数不胜数了。与此同时,我国传播学领域的对外学术交流也日趋频繁。尽管限于各种条件,我国大陆学者迄今为止普遍存在着所采用的研究方法创新性不足,绝大多数论著偏重新闻与大众传播事业的研究、传播学研究的表面化,以及整体水准有待提高等问题,但考虑到我国当前所处的客观经济社会环境和现实需要,该学科在我国的发展前景非常值得期待。诚如我国传播学泰斗邵培仁先生所言,传播学是人类社会进入信息社会和知识经济时代的"护照"和"通行证"。传媒在当今社会中不断增强的影响力与地位,迫切需要高水准的传播学研究成果来进行系统总结与科学指导,两者相互促进,共同发展。假以时日,传播学研究在我国一定会更加规范、更有特色、更加繁荣。

　　传播学是一门综合性、交叉型的边缘学科,其与新闻学、心理学、社会心理学、语言学、符号学、社会学、政治学、系统论、控制论、信息论有很深的渊源,也是这些学科相互融合的产物。其研究范围大致包括传播者、传播媒介、受众、传播内容、传播效果五大领域。其中传播效果是关注的焦点。本书即按照以上脉络,以突出学术性为基本原则,力图向读者简明而客观地介绍传播学的发展历程、主要理论、研究方法和相关知识。

本书是一部关于传播学的简明专著，是作者多年在北京印刷学院讲授传播学课程所用的数个讲稿的基础上整理完成的。可以作为大学生和一般读者了解传播学基础理论的入门读物。

　　在写作过程中，作者参考借鉴了国内外众多专家学者有代表性的研究成果，谨致深深的谢意！相关文献都在书后一一加以列明。

　　本书的出版，得到北京印刷学院国家级特色专业编辑出版学2014年度专项建设资金的资助，特此说明。

　　感谢北京印刷学院张文红教授、朱宇教授为本书的写作与出版所提供的热心指导与帮助！

胡学亮

2014年8月18日于北京鸟巢

目　录

第一章 传播概论

第一节 传播与传播学

一、传播的概念及其特点

1.传播的概念

传播是一种普遍现象,自然界和人类社会处处都有传播。人类的所有行为本身也可以视为传播。这些行为既有带某种意图的言论,也有带某种意义的行为,或者上述两者皆备。不过,传播学研究的是人类社会的传播现象,并不包括自然界和动物世界的传播现象。

"传播"一词是从英语communication翻译过来的,源自拉丁语Communis community,原意中包含着"通讯、通知、信息、书信;传达、传授、传播、传染;交通、联络;共同、共享"等意思。

从汉语的角度来看,"传播"是一个联合结构的词,其中"播"一般是指"传播",而"传"具有"递、送、交、运、给、表达"等多种动态的意义。例如:

《北史·突厥传》:

"宜传播天下,咸使知闻。"

元代的辛文房《唐才子传·高适》:

"每一篇已,好事者辄为传播吟玩。"

明代的冯梦龙《东周列国志》第四十六回:

"宫人颇闻其语,传播于外。商臣犹豫未信,以告于太傅潘崇。"

清代的袁枚《随园诗话》卷十四:

"一砚一铫,主人俱绘形作册,传播艺林。"

迄今为止学术界关于传播的定义据统计有140多种。这些定义有着各自的侧重点：有的强调传播是信息的共享；有的强调传播是有意图地施加影响；有的强调传播是信息交流的互动过程；有的强调传播是社会信息系统的运行；还有的强调传播是社会关系的体现。可谓众说纷纭。

库利从社会学的角度这样定义传播：

传播是指人类关系赖以成立和发展的机制——包括一切精神象征及其在空间中得到传递、在时间上得到保存的手段。它包括表情、态度、动作、声调、语言、文章、印刷品、铁路、电报、电话，以及人类征服空间和时间的其他任何最新成果。

——1909年《社会组织》

皮尔士则从符号学或语义学角度对传播如此定义：

直接传播某种观念的唯一手段是像。即使传播最简单的观念也必须使用像。因此一切观点都必须包含像或像的集合，或者说是由表明意义的符号构成的。

——1911年《思想的法则》

也就是说，传播即观念或意义（精神内容）的传递过程。

贝雷尔森和塞纳也认为：

运用符号——词语、画片、数字、图表等传递信息、思想、感情、技术等。这种传递的行为或过程通常称为传播。

美国当代传播学家凯瑞也是持符号学的观点，但内涵更为深刻：

传播是对现实世界的描绘与解释过程。从本质上来说，传播就是创造、维持、修复和改变符号系统的过程。

阿耶尔认为：

传播在广义上是指信息的传递，它不仅包括接触新闻，而且包括表达感情、期待、命令、愿望或其他任何什么。

无独有偶，奥斯古德也是这样定义传播：

从最普通的意义上来说，传播是一个系统（信源），通过操纵和选择的符号去影响另一个系统（信宿），这些符号能够通过连接它们的信道得到传播。

戈德认为,传播实质上就是信息的"共享":

传播就是变独有为共有的过程。

施拉姆也有类似的观点:

传播即是对一组告知性符号采取同一种意向。

格伯纳则认为传播实际上就是一种关系互动:

通过信息进行的社会的相互作用。

霍夫兰则认为传播是一种"目的、影响、反应":

传播是某个人(传播者)传递刺激(通常是语言的)以影响另一些人(接受者)行为的过程。

以上定义各有侧重,关于传播的比较完善的定义则是德弗勒和丹尼斯1989年在名著《大众传播通论》一书提出的"过程说":

大众传播是一个过程,在这个过程中,职业传播者利用机械媒介广泛、迅速、连续不断地发出信息,目的是让人数众多、成分复杂的受众分享传播者要表达的含义,并试图以各种方式影响他们。

国内的权威学者对传播的定义是这样的:

郭庆光认为:

传播是社会信息的传递或社会信息系统的运行。

邵培仁认为:

传播是人类通过符号和媒介交流信息以期发生相应变化的活动。

胡正荣认为:

传播是信息流动的过剩。传播包含两个要素——信息(传播的材料)、流动。

张国良的定义比较简明:

传播即传授信息的行为(或过程)。

从以上各学者所下的定义可以看出,传播的含义实在是太丰富了,以致研究传播学的学者们各执一词,很难统一认识。当然我们也可以这样理解,那就是传播学学科还很年轻,很多问题还没有厘清,远没有达到成熟的程度。

本书给传播所下的定义是:

传播乃是传播者通过信息传递来影响受众的行为。

2. 传播的特点

传播是普遍存在的,那它有什么特点呢? 邵培仁在其专著《传播学》中,曾总结出传播的五大特点,即社会性和阶级性、目的性和计划性、主动性和创造性、协同性和互动性,以及永恒性和历史性。该观点从宏观上把握住了传播的一般特性。郭庆光对传播特点的分析更为具体,也较为精确,但需要补充一点,传播不可以复制。

(1)社会传播是一种信息共享活动

传播具有交流、交换和扩散的性质,即将单个人或少数人所拥有的信息化为更多人拥有的信息。

(2)传播是在一定的社会关系中进行的,又是一定社会关系的体现

传播(communication)和社区(community)有共同的词根,并非偶然。传播产生于一定的社会关系,又是社会关系的体现。这种关系可能是横向的、纵向的,也可能是网状的。

这实际上是在说,传播是处在一定社会关系中的人受各种因素相互作用、相互影响的结果。

(3)传播是双向的社会互动行为

信息在传播者和接受者之间流动,并通过信息的传播、接受和反馈而展开社会互动行为。

(4)传受双方必须有共通的意义空间

共通的意义空间在广义上包括人们大体一致或接近的生活经验和文化背景。在共通的意义空间里,传受双方对符号的意义有共通的理解,否则传播很难进行,或传而不通,导致被误解。

(5)传播是一种行为过程,也是一种系统

所谓行为,是指将传播看作以人为主体的活动,在此基础上考察人的传播行为和其他社会行为的关系;所谓过程,是指着眼于考察从信源到信宿的一系列环节和因素的相互作用、相互影响;所谓系统,是指考察各种传播过程的相互作用及其

引起的总体变化。

（6）传播是不可复制，不可逆转的。

人不可能两次踏进同一条河流，一次传播经历足以改变传播要素，因此传播经历不可能以完全相同的方式加以重复。

3. 传播的五个公理

保罗·沃兹拉维克等人认为，传播有以下五条基本公理：

（1）传播是客观存在的，不可避免的，人人都要传播

人进行传播一般是有目的的，但有时候也存在毫无意义、毫无准备或毫无意图的传播；无论受众是否参与了传播活动，都必须在某种程度上做出反应（"无动于衷"也是一种反应，也可以影响他人，进而影响传播）。

（2）每一次传播都有内容指标和关系指标

内容指标指的是传播本身的信息或资料水平。关系指标指的是交流是如何被解释的，即受众如何评价传播信息，一般有肯定、否定和不确认即不理睬三种。

（3）信息包含有语言符号和非语言暗示

信息的内容指标更容易通过数据系统传播，但关系指标更容易在非语言系统里传播。这意味着用语言表达想法很容易，但用非语言暗示去说谎却不易做到。

（4）传播是环形的、持续不断的

每一次传播互动都因划定方式的不同而不同。这里所指的是，有时候我们无法确定在一个具体的传播行为中，到底哪一方是传播者，哪一方是受众；哪一方的哪一个行为是对哪一个传播行为的反应或反馈。也就是说，有时候我们无法确定一个传播过程的起点和终点，对一个人的刺激可能是对另一个人的反应。因此，传播是一系列持续不断进行着的事件。

（5）传播互动是对称或互补的

所谓对称，指的是一个人的举动通过另一个人的举动反映出来。比如我高兴，他也高兴；我失望，他也失望，我和他就是对称关系；而如果一个人的行动导致了另一人相反的行动，互相刺激对方，这就是互补。

4. 精神交往与传播

"交往"是马克思主义传播观中的核心概念，按照陈力丹的说法，交往指的是个人、社会团体、民族、国家间的物质和精神传统。其中，精神传统或交往指的是以

"语言"为媒介的人与人之间的社会关系。

交往不是孤立的,必须同人类的生产活动联系起来。在马克思主义看来,没有生产就没有交往,反之亦然。生产包括物质和精神两个方面,交往也有物质和精神两个方面。物质交往和精神交往构成了人类交往的总体。一定的精神生产与精神交往与一定的物质生产和物质交往相适应。同时,精神生产和精神交往具有相对的独立性和能动性。精神的发展可以反过来推动物质发展,在物质生产达到一定发达程度时,精神生产状态将会成为制约社会发展的主要矛盾,精神有其自身的特殊规律。

二、传播的基本类型

1. 人类传播经历的四个阶段

学术界一般认为,从历史上来看,人类从原始社会到信息社会,传播手段及方式共经历了以下四个时代。

(1)口语传播时代

人类从开口说话到用手写字的这一阶段,我们称之为口语传播时代。口语的产生大大加速了人类社会文明进化和发展的进程,但却因受到时空的限制而只能在近距离、小规模的群体中进行传播。

(2)文字传播时代

这里所指的是印刷术发明以前以手抄为主的时代。文字的产生使人类传播在时空领域中都发生了重大变革,大大加速了人类利用体外化媒介系统的进程。

(3)印刷传播时代

这一时期人类的传播活动建立在纸张和印刷术发明的基础之上,实现了文字信息的批量生产和大量复制。印刷媒介在社会变革、社会生活和社会经济中扮演了越来越重要的角色。

(4)电子传播时代

这一时代或者称为信息时代,人类传播技术实现了信息的远距离快速传输,形成人类体外化的声音和影像信息系统,使人类知识经验的积累和文化传承的效率和质量有了新的飞跃。电子技术推动了电脑、手机与互联网的诞生。

2. 人类传播的基本类型

人类传播在时间上经历了四个时代,在类型上也可以划分为多个。

关于传播的类型到底该如何划分,学术界目前有两种观点,但其中的差异并不大。一种观点认为,传播大致可以分为四种类型;另一种观点认为,传播可以划分为五种类型(五种类型的具体内涵略有差异)。

邵培仁的划分为内向传播、人际传播、组织传播(团体传播)、大众传播与跨国传播。

郭庆光等人的划分方式为:自我传播(内在传播)、人际传播、群体传播、组织传播与大众传播。

多数学者把群体传播与组织传播加以合并,这样就形成了四种传播类型。

(1) 自我传播

自我传播也称为人的内在传播,自身传播。自我传播这种传播形式既是出于人的自我需要,也是出于人的社会需要,是人为了及时对周围变化的环境做出适应而进行的自我调节。它通过人的视觉、听觉、味觉、触觉的协调,对客体进行回顾、记忆、推理、判断。一切发生于人体内部的信息交流都是人的内向交流,在这种交流过程中,I和me进行自由沟通以达到自我的内部平衡调节,并通过这种思维活动进行正常的信息编码,以保证人类其他传播活动的正常进行。通俗地说,自我传播就是自言自语、自我发泄、内心冲突和自我思考,即自己对自己传播,是个人接受外部信息并在人体内部进行处理的活动。

人是社会关系的总和,个人需要融入群体和社会,当个人与群体、与社会发生冲突时也需要进行思考和反省。人在社会的活动中既要了解他人,也要了解自己,并不断发展和完善自我。因此,人离不开自我传播。

(2) 人际传播

人际传播指的是两个及以上的人之间的传播,是个人与个人之间进行的信息交流活动。

西方学者对于人际传播的研究比较深入,迄今为止共有四种方法和视角。第一种是情景的方法,认为人们在区分各种人际传播形式的时候主要是通过描绘不同的场合、情景和环境来实现的;第二种是发展的方法(后改为过程的方法),认为人类的交往和传播处在一种现行的发展态势中;第三种是规律的方法,认为在人际交往和传播中存在着一些规律;第四种是规则的方法,认为支配人际关系和传播的是一些具体的规则。当然对于这种划分法学术界也有不同的观点。例如,我国学者殷晓蓉等人认为西方人际传播理论应包含八种视角,即情景、能力、关系、过程、规则、功能、文化和心理等。

（3）群体传播或组织传播、团体传播

群体指的是由共同的利益、观念、目标、关心等因素相互联结,存在着相互影响作用关系的个人的社会集合体。

不同学者对群体的分类是不同的。美国社会学家库利根据群体在个人社会化过程中所起作用的直接和间接程度,将群体分为初级群体和次级群体。德国社会学家韦伯将群体中是否存在管理主体或机构作为分类标准,把拥有管理组织系统的群体称为"团体",其他则归属于一般群体。另一位德国社会学家L.威瑟也是依据组织性的强弱将群体分成两类,一类是组织群体,另一类是非组织群体。

群体传播指的是在某一群体范围内(一般规模较小)进行的信息传播活动,或者是指有组织有计划地对一群人的传播,或者是指在有组织、有指挥中心的群体中进行的传播活动,一般采用双向、直接的形式,如各类会议均属于组织传播。小组传播、公众传播可以划分在此类中。

群体传播能够形成和维护群体意识,并容易产生群体压力和从众行为。

（4）大众传播

大众传播指的是经国家相关机构和法律法规批准设立的专业机构,运用大众传媒针对广泛受众所进行的信息传播,这些信息既有商品属性又有文化属性。广播、电视、电影、报刊、互联网都是典型的大众传媒,其所进行的传播活动就是大众传播。

麦奎尔指出:大众媒介不仅是各种社会关系的中介,也是客观社会现实和个人经验之间的中介。与其他知识机构(如艺术、宗教、科学、教育等)有如下几方面的不同:

① 它对各类知识具有一般的载体功能,因此同时代表了其他机构;

② 它在公共领域运作,原则上可以在公开、自愿、非特有及费用低廉的基础上,为社会的全体成员所接近;

③ 原则上,传者与受者之间的关系是平衡和平等的;

④ 相比其他机构,媒介能更长久地影响更多的人,并取代了学校、父母、宗教的早期影响。

(5) 国际传播或跨国传播

国际传播(一般也称为跨国传播)是指一个国家的对外传播机构出于某些目的,通过自有媒体或影响国外媒体的方式,对国外受众所进行的传播活动。广义的国际传播包括跨越国界的大众传播和人际传播,包括国与国之间的外交往来,如首脑互访、双边会谈,以及其他相关事务等等。

狭义的国际传播仅指跨越国界的大众传播,即以国家、社会为基本单位,以大众传播为支柱的国与国之间的传播。我国学者一般从狭义的角度来看待国际传播,把国际传播理解为一种通过各国大众媒体而展开的国际信息交流和传播形式。它的主体单位是民族国家和一些有影响力的国际组织,它所关注的焦点是国际信息传播对民族国家和国际组织在事关重大的领域(如国际政治、外交、经济、文化等)所产生的影响和相互影响。

国际传播包括两个部分:由外向内的传播和由内向外的传播。由外向内的传播是将国际社会的重要事件和变化传达给本国民众;而由内向外的传播是把有关本国政治、经济、文化等方面的信息传达给国际社会。

国际传播有利于各国之间的政治协调、经济融合和文化交流,所以一向为世界各国所重视,但需要解决发达国家与落后国家之间存在的信息流通的不平衡等问题。

三、传播学及其研究对象

前面已界定了传播的概念,现在则要说说什么是传播学。人类有了传播现象,并不是马上就有了传播学。传播学只是在最近一百多年才开始进入科学研究的轨道。也就是说,人类先开始了零散地传播研究,然后逐步形成较为系统的传播理论,最后才形成了传播学。

显然,传播学是研究人类传播活动及其规律的科学,或者如郭庆光所言,是一门研究社会信息系统及其运行规律的科学。它既是一门社会科学,也是一门应用性学科。

传播学以人际传播(传统、自然、平等,富有人情味,点对点是其特点)和大众传播(通过大众传媒,点对面)为其研究范围,而大众传播则是研究的重心,以致人们谈论传播学,往往就是指大众传播学。

研究传播学有助于我们对大众传播过程的理解。正如赛佛林与坦卡德在《传播理论:起源、方法与应用》所总结的,传播理论主要用于解决下面的问题:

1. 解释大众传播的效果

这些效果可能是有意的,比如在选举中向公众传播信息;也可能是无意的,比如增加了社会中的暴力。

2. 解释大众传播的作用

在许多情况下,考察人们用大众传播来做什么比考察传播效果更为重要。依照这个思路,传播的受众其实扮演着更为主动的角色。之所以更加重视受众的主动性以及他们对大众传播的使用而非大众传播的效果,主要基于两个因素:一个因素是认知心理和信息处理方式;另一个是传播技术的转变。这些转变使得受众或用户更加松散,用户的选择范围更广泛,传播内容更加多样,以及各个用户更能积极地参与传播内容。

3. 解释用大众媒介进行学习的机制

一个至今还没有完全得到回答的重要问题是,人们怎样从大众媒介中学习。

我们会看到,概略思想可以部分地回答这个问题,班杜拉的社会学习理论对此也有所裨益。

4. 解释大众媒介在形成人们价值观和世界观方面所起的作用

政治家和一般大众常常认为,大众传播在人们价值观和世界观形成方面扮演了极其重要的角色。有时他们可能夸大其辞,毫无根据地批评特定的节目和电影。不过,他们判断大众媒介的内容对社会价值观所产生的影响,也有一定道理。这是一个重要的领域,必须进行更深入的研究。

第二节　传播学学科的形成与发展

一、传播学的主要学术源流

1. 传播学产生的社会背景

传播学作为一门新兴的交叉学科,产生于20世纪初的美国,这决不是偶然的。

首先,在政治上,美国人的选举制度迫使竞选者挖空心思向选民推销自己,这就需要他们透彻了解选民的心理,然后有针对性地进行有效传播,这在客观上促进了传播研究的深入。

其次,在经济上,美国发达的市场经济环境使得企业纷纷建立公关部门和广告部门以有效推销自己的产品与服务,这在客观上也促进了传播性质的广告学、公共关系学等学科的发展。

再次,在军事上,两次世界大战中,各参战国为了进行有效的战争宣传,鼓舞己方士兵士气,瓦解敌方斗志,都要求进行相关的传播研究。

最后,现代传播媒介的广泛运用,使得人们更加重视如何有效进行传播的问题。在美国的政治与社会生活中有着高度重视大众传媒的传统,在政治机制中大众媒介是与立法机构、政府机构互相制衡的力量之一,报纸曾被称为第二国会。

从学术传统来看,美国实用主义哲学盛行,科学研究特别强调要解决实际问题。大量的实用信息为人们所用,方便了人们的生活、工作和社会的运行。

所有这一切,构成了传播学科在美国产生的外部条件。

2. 学科融合特别是行为科学与现代"三论"的诞生催生了传播学

20世纪以来,西方在社会科学领域中尝试用自然科学的规范进行研究,其中尤以行为科学为甚。行为科学也称为行为主义,该学科把人的外在行为而不是内在思想作为研究的客观依据。其理由是"人心不可测",而人的行为则是可以观测到的。行为主义这一做法在一定程度上有利于强化社会科学研究的客观性。行为主义科学的实证精神在实际上有力地促进了传播学的快速发展。

现代自然科学"三论"即信息论、控制论和系统论,是传播学的第二大来源。信息论的创立者为香侬,该理论主要从数学的角度来考察电信系统的信息传播。其所提出的"信息"概念以及传播过程的基本模式对传播学产生了巨大的甚至是最重要的影响。控制论的创立者是美国的威纳。该理论的基本原理为,巨大质量的运动和行动,以及巨大能量的传送和转变,都通过带有信息的不大的质量和不大的能量来指挥和控制。控制论的"反馈"概念对于传播学意义重大。系统论认为,系统是一种有机的构成,而非各部分的简单相加。这一理论对于传播学的指导意义在于,强调任何传播活动都是一个系统,要从整体看待传播过程。

简言之,系统的状态取决于控制,控制的关键又在于信息,信息的功能主要体现于反馈,也就是效果。这就是现代"三论"对于传播学的启发。

其他社会科学如政治学、社会学、心理学、人类学、语言学、符号学、修辞学、新闻学都深刻地影响了传播学。其中新闻学是传播学的一个非常重要的学术源流。

传播学是在新闻学的基础上吸收融合其他学科的理论与方法发展起来的。目前两者虽有许多相通之处,但也有明显的不同。有学者用一句话概括了两者的根本差异:新闻学是一种专业研究,传播学是一种社会研究。但这样概括似乎有些简单。

邵培仁所著《传播学》对此有比较深入的论述,其对新闻学与传播学两学科的比较如下:

① 新闻学是报刊新闻时代的产物,偏重于业务研究或"术"的研究。

② 传播学是电子新闻时代的产物,侧重于理论研究或"学"的研究。新闻学以古老的"报学"研究为基础,偏重于微观研究、局部研究和单向研究。

③ 传播学以新兴学科的知识为基础,侧重于宏观研究、整体研究和双向研究。

④ 新闻学的研究对象是新闻信息的现象。传播学的研究对象是传播活动的现象。

⑤ 新闻学是具体科学的研究,对传播学研究有提供材料、充实内容的作用。传播学是一般科学的研究,对新闻学研究的内容和方法有规范、指导的作用。

邵培仁认为,传统新闻学已经衰落,其研究范围也包含在广义的传播学的范畴之中。

郑保卫、李希光等人则认为,新闻学与传播学是不同的学科,前者培养的是社会思想家和新闻专业主义者,后者培养的是象牙塔里的理论家,因此,传播学不能代替新闻学。不过,他们也承认,现实的情况是新闻教育正掉进传播学的理论陷阱里。

李良荣、童兵等人则认为新闻学应当从传播学中汲取营养,扩展其理论深度,二者各有侧重,可以取长补短,共同发展。

潘忠党则认为,传播学并不是一个学科,只是一个研究范畴,称之为传播研究更为贴切。即使把传播学看作一个学科,其与新闻学在人才培养和学科性质方面也没有可比性,因而也不存在所谓的取代问题。

董天策从研究对象(领域)、研究(学理)层面、学术立场(取向)以及研究方法等方面全面而系统地比较了两者的异同,颇有参考价值:

(1) 研究对象或研究领域的异同

这体现在两方面,一方面是媒介范围的异同,另一方面是媒介内容的异同。在媒介范围方面,新闻学研究的是新闻媒介,主要是报纸、广播、电视,也涉及新闻期刊,还有互联网;传播学研究的主要是大众传播媒介,及新闻媒介加上电影、书籍,新闻期刊也扩展为所有期刊。在媒介内容方面,大众传播学有新闻、言论、知识、文艺和广告五种信息类型,而新闻学只有新闻与评论两种。

(2)研究层面或学理层面的异同

大众传播学研究包括新闻、广播电视、公共关系、广告在内的所有形态与质态所构成的传播活动的总体性或一般性规律,其学理层面也就比新闻学的学理层面更加抽象,更加一般,也更富有理论的概括性和指导性。

(3)学术立场或学术取向的异同

新闻学是为培养公共利益服务的媒体人才而产生的,既注重职业技能的培训,也注重专业理念或专业伦理的培养,即人文理想与人文精神的灌输和培养。因此,新闻学具有鲜明的人文取向,是人文学科。而美国的主流传播学则是为了满足不同利益集团的需要而产生的,具有鲜明的行为科学趋向,是社会科学;传播学的批判学派把大众传播看作整个社会结构的组成部分,着重研究传播现象的阶级性、历史性和社会性,尤其重视对资本主义大众传播体制、传媒文化工业、传媒与权力等根本问题的批判性考察和深层分析,追求的是价值理性而非工具理性,具有鲜明的人文取向,同新闻学一样,是人文学科。但二者学术立场同中有异,批判学派是以批判的立场表达对人文理想的坚持,新闻学仅仅是强调正面传授人文理想,且偏重"术",而传播学偏重"学",层次有别。

(4)研究方法的异同

新闻学主要运用归纳与演绎这类最基本的逻辑推理(形式逻辑)方法来开展研究,关注的重点是业务操作,从未单独将研究方法作为问题提出来。美国的主流传播学一直强调运用社会调查、内容分析等"科学性"方法来研究传播效果;而批判学派注重传播现象的价值判断,在研究方法上具有明显的哲学思辨(已深入到辩证逻辑的范畴)特征,较新闻学的研究方法层次更深。不过,两者都采用文献研究、阶级分析等研究方法。

综上所述,传播学主要有三个来源,一是行为科学,二是信息科学,三是新闻学。如果我们把传播学比作一条大河,那么这三个来源就是它的三条支流,而这三条支流又有各自的更小支流。也就是说,这三个来源实际上是三组学科群,而不仅仅是三个学科。比如行为科学至少就涵盖社会学、心理学、政治学等学科;信息科学则指信息论、控制论和系统论，即俗称的"三论"；新闻学又涉及新闻理论、新闻历史、新闻伦理、新闻业务等内容。在这三大来源中，大众传播学从行为科学里汲取了实证方法及其科学理念，如设计问卷、调查访谈、抽样分析等；从信息科学里借鉴了学科的核心概念与基本范畴，如信息、控制、系统等；从新闻学里继承了研究对象及其学科领域，如新闻传播的许多规律。另外，传播学与新闻学除了继承与借鉴关系，还有互相渗透与彼此依托的关系。

二、传播学学科主要开拓者

传播学这门学科的建立，是众多学者几十年共同努力的结果。其中，贡献较大的早期人物是拉斯韦尔、卢因（即勒温）、霍夫兰和拉扎斯菲尔德四位先驱，加上后来集传播学大成的施拉姆，共同构成了传播学的奠基人。

1. 拉斯韦尔

拉斯韦尔（1902—1980）是美国现代政治科学的创始人之一。曾担任过美国政治学协会的主席、国际法协会主席、国际政治心理学协会名誉主席，是美国政治学研究领域行为主义学派的代表人物。

拉斯韦尔有两篇著名论文深刻地影响了传播学研究。

第一篇是1927年出版的他的芝加哥大学博士学位论文《世界大战的宣传技巧》。该论文研究"一战"期间各参战国花样繁多的宣传战，涉及舆论、宣传和传播的诸多问题，并提出了若干具有创造性的观点，很快赢得了学术界的高度赞誉，成为世界传播学研究的经典文献。

第二篇是论文《社会传播的结构与功能》，它的影响更大。该文完成于1948年。至今，学界仍给予它极高的评价，认为它是一部纲领性的奠基之作，一部传播学的"独立宣言"。有的学者甚至断言，所有的传播学研究都仿佛是对拉斯维尔这一论文的注释，就好比所有的哲学研究都是对柏拉图的学说做注解一样。之所以这么说，是因为这篇论文涉及了传播学中的许多基本内容，它不仅指明了传播学研究的方向，也为传播学研究提供了范例。这篇论文对于传播学的意义主要体现在两大方面：一是从传播的内部结构上，分析了传播过程中的诸要素；二是从外部功能上，概括了人类传播活动的社会作用。关于第一点，拉斯韦尔明确提出了传播过程及其五个基本构成要素，即任何传播过程都可以分解为五个部分，具体如下：

（1）传播主体

谁(who)，如传道授业的教师、写诗作文的文学家、穿梭于国际舞台的外交官、各类媒体的从业人员等。任何一个传播事件都离不开传播主体，正如任何一场演出都离不开演员。

（2）传播内容

说什么(says what)，如记者的报道、私人的闲谈、部门的文件通知等。传播活动如果离开了传播内容，那就跟一个演员傻乎乎地站在舞台上却一句话都不说、一首歌也不唱差不多。

（3）传播媒介

通过什么渠道(In which channel)，如语言、文字、印刷、广播、电视、网络等。媒介就像是运货的工具，又像是流水的河床，还像是跑车的道路，没有媒介，再好的传播内容也只能趴在原地动弹不得。

（4）传播对象

对谁说(to whom)，如书刊的读者、广播的听众、影视的观众、上网的"网虫"等。任何传播活动都必须关注自己的传播对象，否则就是无的放矢；任何传播活动都必须重视自己的传播对象，否则就是对牛弹琴。

（5）传播效果

取得什么效果(with what effect)。传播效果是一切传播活动的根本，不管有意还是无意，一切传播活动都是为了特定的目的，也就是为了特定的传播效果。不为效果而开展传播，就如同不为营利而经营企业、不为胜利而拼死战斗、不为人才而教书育人一样不可思议。

这就是著名的拉斯韦尔5W模式或5W理论（每一要素均有W为首字母），这个模式比亚里士多德在《修辞学》里提出的三要素（传播者、传播内容和受众）更为全面和精确，特别是突出了效果这一关键要素。这一模式简明而清晰，是传播过程模式中的经典。后来的很多学者都对此进行过各种修订、补充和发展，但大都保留了它的本质特点。

不仅如此，这一模式还勾勒出了传播学研究的五大基本内容，即：

针对传播主体的"控制分析"；

针对传播内容的"内容分析"；

针对传播媒介的"媒介分析";

针对传播对象的"受众分析";

针对传播效果的"效果分析"。

这五个方面的分析涵盖了传播研究的主要领域。另外,它还引发了传播学研究对于确定效果的重视。

此外,这篇文章还有一大贡献,那就是关于传播功能的分析。拉斯韦尔提出了人类传播的三种基本功能,并分析了其可能存在的负功能。这三种功能是:监视环境、协调社会以及文化传承。当然,这三个功能主要是从政治学角度着眼的。1959年,查尔斯·赖特又从社会学的角度,为其补充了"娱乐"功能。最终形成了传播学中经典的人类传播四功能说,这些后来都成为传播学的基本常识。

拉斯韦尔还在传播学领域做出了其他贡献,主要包括:内容分析法,创立了定性和定量测度传播信息的方法论;他关于政治宣传和战时宣传的研究,则代表着一种重要的早期传播学类型,而今天的宣传分析已被纳入了传播研究的一般体系中;他将弗洛伊德的精神分析理论引入美国社会科学,并使其与政治分析相结合,从而在社会层面上运用了个体内部的弗氏理论;他还帮助开创了政策学,这是一门整合了社会科学知识与公共行为的交叉学科。

总之,拉斯韦尔所做的许多开创性的工作,奠定了传播学研究的基本范围和层面,他是当之无愧的传播学主要奠基人之一。

2. 卢因

卢因(1890—1947),德国犹太人,心理学家,社会心理学中团体动力学的开山鼻祖,"实验社会心理学之父",代表作是《解决社会矛盾》。他曾先后在慕尼黑大学、柏林大学学习并在柏林大学、斯坦福大学、康奈尔大学、麻省理工学院等校任教,培养了一批社会心理学和传播学的顶尖人才。

卢因对于传播学的一大贡献是其团体动力学研究。团体动力学主要研究的是个人在团体中的行为表现。卢因认为,人的行为环境是一个相互依赖、相互作用的动力群体,人也是其中的一部分,任何个人的心理活动和行为都是由这一情境和所属群体决定的,为此他曾提出一个著名的公式:

$$B=f(P,E)$$

其中,B代表行为,P代表个人,E代表环境,f是函数。

该公式旨在说明,个人行为是由个人与环境两个因素决定的。

卢因的这一学说不仅丰富了社会心理学的理论,也对传播学研究具有重要的启示。这就是:传播者要想改变受众的态度和行为,不仅要充分考虑受众个体的个性,也要考虑其所属的群体特点和环境因素,尤其要重视个人的人际关系、人际影响力等问题,即群体对个人的观念、动机、愿望、行为的影响。

卢因对于传播学的另一巨大贡献就是提出了著名的"把关人"(或守门员)理论。所谓"把关",是指群体生活中的一些人对群体可能接触到的信息所进行的筛选和过滤。在《群体生活的渠道》一文中,卢因提出,在传播过程中信息总是沿着包含有检查点("门区")或关卡的某些渠道流动,那些能够允许信息通过或者不允许信息通过的人或者机构,就是守门人。

"把关人"概念的提出,对传播学的影响很大,自此以后便成为传播学的一个基本概念。卢因的学生怀特等人后来依照这一理论做了大量关于大众传媒机构的新闻流向和流量的研究。

3. 霍夫兰

霍夫兰(1921—1961)是耶鲁大学的博士毕业生,实验心理学教授,行为主义社会心理学研究方面的代表人物,是将实验心理学引入传播学研究领域的第一人,以研究社会态度的形成与转变而著名。

霍夫兰毕生研究人的心理对人的行为的影响,研究说服与态度的关系、态度的形成与转变、说服的方式、技巧与能力等问题。重点探究如何劝说更见成效,如何开展传播更有利于态度的变化这类课题,这些均属于传播学的效果分析领域。其研究成果对于传播学具有重要的借鉴意义。

第二次世界大战期间,霍夫兰应聘担任美国陆军总部心理实验室主任,研究战时宣传的效果问题。他率领专家小组指导和研究美军的思想训练计划,研究军内教育电影对提高士气所起的作用和效果。战后,他回到耶鲁大学,主持"传播与态度改变课题"。

霍夫兰对传播学最突出的贡献有两点,一是将心理实验方法引入传播学研究;二是通过研究揭示了传播效果形成的条件性和复杂性,对否定早期的"子弹论"效果观起到了很大作用。1946—1961年,霍夫兰领导的"耶鲁传播与态度变迁计划",完成了超过50项的实验。他们将这些研究成果结集,出版了一批关于态度问

题的耶鲁丛书。该研究成果标志着传播研究耶鲁学派的正式形成,其中《传播与说服》一书是代表作。该书这样定义传播:

传播就是某人(传播者)通过传递刺激信号(一般是语言符号)以改变他人行为的过程。

《传播与说服》中的一系列研究有如下特征:

第一,研究内容非常具体,目的在于寻找进行有效说服的一般规律。

第二,研究采用的主要理论基础为行为主义的强化(学习)或刺激—反应理论,假设态度的改变是基于求变的动机强过不变的动机。

第三,研究的方法为实验室的实验法,带有鲜明的科学主义色彩。饰演的标本是人,实验背景是社会情景,然后控制某种变量,观察其他变量,从中找出这些变量之间的对应关系。

霍夫兰的研究在传播学研究史上占有重要的地位。虽然其研究焦点并不在大众传播,但其发现有助于我们更加深入地了解说服的过程——这些都是大众传播研究很重要的课题。耶鲁研究中提出的一些概念,如可信度、对宣传的免疫力、恐惧诉求、休眠效果等,对后来的相关研究起了引导作用。

4. 拉扎斯菲尔德

拉扎斯菲尔德(1901—1976),奥地利籍犹太人,社会学家,以实证研究与应用研究而知名。他在形成现代传播研究方面具有重要的思想上的影响,是传播效果研究的开创者。

从1930年在维也纳大学应用心理学教研室首次从事对广播听众的传播效果研究开始,到1937年在美国普林斯顿大学广播研究室进行"广播研究项目"和1940年在哥伦比亚大学应用社会研究所进行美国总统大选研究,拉扎斯菲尔德通过对调查样本的科学分析,做出了影响个人行为的、有因果关系的科学推论。拉扎斯菲尔德及其助手合作完成的《人民的选择》被称为"社会科学史上最复杂的调查研究之一",也是传播效果研究的经典著作。

《人民的选择》以1940年的美国总统大选为分析案例,试图阐释在大众传媒及人际关系的影响下,选民是怎样做出投票选择的。这一名著对于传播学学术思想的贡献主要体现在两方面,一是大众传播的有限效果论,二是"两级传播"和"意见领袖"观点的形成。

除了上述贡献外,拉扎斯菲尔德在统计调查、抽样分析、数据整理方面所使用的数学手段,也大大优化了传播学的研究方法。

5. 施拉姆

威尔伯·施拉姆(1907—1988)是传播学科的集大成者和创始人,被称为"传播学鼻祖"、"传播学之父",其一生共编写了30多部高水准的传播学著作。

施拉姆把美国的新闻学与社会学、心理学、政治学等其他学科综合起来进行研究,在前人传播研究的基础上,归纳、总结、修正并使之系统化、结构化,融会贯通,从而创立了一门新学科——传播学。其标志是1949年由他编撰的世界上第一本权威性的传播学著作——《大众传播学》的出版,这本书收录了政治学家、心理学家、社会学家、语言学家以及许多其他学科的专家对传播学的研究成果。施拉姆当时还仅限于挖掘前人和他人的传播研究成果,并加以整理,使之系统化。该书出版后广受学术界好评,是他所有著作中最有权威和被引用最多的作品。

施拉姆对传播学的贡献主要体现在三个方面,一是最早建立了专门的以"传播"命名的传播学研究与教学基地(伊利诺伊大学传播学研究所,1947年),主编了最早的一批传播学教材(1950年);二是培养了一大批传播学高级人才;三是出版了一系列广受欢迎的高水平传播学专著,包括《报刊的四种理论》《传播学概论》《大众传播媒介与国家发展》等。他也是世界首位传播学教授。

第二章　传播学研究方法和主要学术流派

第一节　传播学研究方法

传播学中的研究方法,从纵向的学科方面来说,有社会学方法、心理学方法、语言学方法等;从横向来看,则是那些原本属于自然科学研究的方法。当今传播学研究融合了多学科的知识与技术,尤其是系统论、信息论和控制论的方法对该学科的发展起了非常重要的作用。

控制论方法是一种研究系统控制过程和特征的方法。在传播研究中,主要研究如何对"离向""越轨"和"紊乱"的倾向进行调节和干预,如何合理驾驭、支配传播活动的全过程,使之有序和进化。与此相关的研究方法有功能模拟法、黑箱模拟法、最优化方法。

信息论方法指的是运用信息论观点,把系统看作借助于信息的获取、加工、处理、传递而实现其目的的运动过程。在传播研究中,把各种传播现象都看作信息采集、鉴别、处理、传播的过程,然后具体分析传播要素的特征或效用,或者综合研究传播系统的信息流动过程及其结构,从而获得系统的整体性的性能和知识。

系统论方法指的是运用系统理论把传播现象视为一个整体加以认识和改造的方法。运用此法研究传播学,可以从整体上把握信息传播系统的运行情况,为信息传播者提供最有效的传播建议。

一般认为,传播学的具体研究方法大致可以分为以下四种,即调查研究法、内容分析法、控制实验法与个案研究。

一、调查研究法

所谓调查研究,是指为了获得关于某一事件或现象的科学知识,通过一定的客观程序进行数据或资料的收集、记录、统计、分析,以探索和解释其现状、过程、构成要素或变化规律为主要目的的研究活动。

19世纪末的欧洲学者最早运用调查研究法来研究社会问题。法国李博烈《欧洲的劳工》、英国布恩《伦敦人民之生活与劳动》就是这方面的代表作。美国的社会调查曾经深受英国的影响。后来，数理统计被应用到调查研究中，大大提升了其科学性与精确性。于是新的调查研究法在美国大行其道，在市场调查、民意测验、竞选预测等活动中得到广泛运用。受到启发，美国的新闻学与行为科学研究者也借用了这一新方法。盖洛普、施拉姆、拉扎斯菲尔德的许多研究均得益于此法而有所建树，其中拉扎斯菲尔德采用此法所进行的《伊里调查》是传播学研究的一座里程碑。

1. 传播学调查研究的类型

东京大学教授铃木裕久曾经概括过传播学调查的十四种不同分类方式：

基于调查对象的分类——内容分析、传播者调查、受传者调查；

基于调查对象选定方法的分类——全员调查、抽样调查；

基于数据收集方式的分类——文献调查、观察、个别面接调查、集体调查、留置调查、邮寄调查、电话调查等；

基于实施顺序和性质的分类——预备调查、正式调查；

基于调查空间范围的分类——国际调查、全国调查、地区调查；

基于调查时期的分类——事前调查、事后调查、追踪调查；

基于调查次数的分类——单次调查、系列调查；

基于有无控制条件的分类——实验室调查、实地调查；

基于对象数或有无量化操作的分类——事例研究、统计调查；

基于调查或测试工具的分类——自然观察、实验、问卷、心理测试；

基于面接深度的分类——指示性面接、详询面访、自由访谈；

基于媒体类型的分类——报纸、杂志、电视、广播、电影、新媒体调查等；

基于传播过程的调查——媒体接触调查、知觉实验、认知调查、行动调查、信息或影响的"流程"调查等；

基于内容类型及其要素的调查——广告调查、节目调查、明星调查等。

2. 调查法的具体步骤

调查法的步骤一般为：

确定假设(确定调查课题与目的);根据假设的要求制订调查方案(包括界定调查范围与样本个数;制定抽样方案;设计调查问卷等);收集数据;采用数据分析与处理技术整理分析调查结果。

传播学根据其研究对象之间差异性大的特点,较多地采用分层、整群和两者结合的方法。限于调查的成本与可行性等问题,一般调查多采用抽样调查的方法。这又包括简单随机抽样、非随机抽样、系统抽样、分层抽样和多级抽样几类。

简单随机抽样方法与我们常见的掷骰子或抽签的原理相同,其最大好处是能够保证调查对象总体中的每个单位都有被选中的同等概率机会。

非随机抽样是使用乱数表的方法,其中乱数表的标准使用方法是:首先,由于乱数表通常由数页组成,最先必须随机决定表的页号。其次决定表中数字的读取方式。此外,还要根据对象总体规模决定所抽取数字的位数。

系统抽样也称等距抽样,基本做法是在随机排列的对象总表中随意选取第1个样本,其他样本按一定间隔加以抽出即可。系统抽样法的最大好处是简单省力,但它有一个前提,那就是调查对象总体中各构成单位的排列必须是随机的。

分层抽样也叫分类抽样,即将对象总体中的所有单位按照一定属性预先分成若干类别,分别进行随机抽取。

多级抽样是学者们在大规模调查中经常使用的方法。多级抽样可使大面积调查更加易于实施。不过由于每级抽样都会有抽样误差,抽取级数越多误差越大。一般认为在实际应用时最多只能分为三级。

二、内容分析法

美国传播学家贝雷尔森1952年在其《传播学研究的内容分析》一书中曾经给过内容分析法下过一个权威的定义:

对于(明示的)传播内容进行客观、系统和定量的分析和描述的一种方法。

该法要求分析对象应该是明示的、可见可听的文本材料,而不能以文本制造者的潜在动机和文本可能引发的潜在反应作为研究对象。其分析结果只能看出各分析变量之间是否具有相关关系,而不能确认其中是否具有因果关系。因此,内容分析法具有客观、系统和普遍的特点。

传播学领域对研究对象的分析主要有描述传播内容特征、反映社会变化、检验人格特征、考察媒介内容和客观世界的一致程度、评价特殊社会群体形象、建立媒介效果研究的出发点等。

不过,传播学学者在刚开始运用该方法时,手段、技巧还处于初级阶段,因而显得比较粗放。直到后来拉斯韦尔运用此法研究第一次世界大战各国的宣传技巧,才逐步提升了内容分析的水准。不久拉斯韦尔与人合著的《政治语言学》,全面阐述了内容分析法的基本内容。1952年,贝雷尔森发表了上述权威著作,宣告了内容分析法已走向系统与完善。因此,拉斯韦尔、普尔与贝雷尔森一起被列为该方法的创始人。

内容分析法曾被列为全世界20世纪社会科学领域根本性的重大革新成果之一,具有十分重要的历史地位。

内容分析的程序为:

① 建立假设命题,确定分析对象和范围;

② 制订恰当的分类标准、确定分析单位,将信息的各部分纳入不同类型的范畴,对号入座,用图表的形式表现出来。"说什么""怎么说"是常用的分类方法。其中分类表的指定要科学合理,必要时要校正。

③ 统计出各类别所占的比例,量化表示相关数据,如出现的有无、频度、传播的时空量及传播强度等。

内容分析法对所选择的材料要求很高,必须具有代表性;此外分类表的制订很难完全做到客观,这两点中任何一个出了问题,均容易导致分析失真,因此其运用难度较大。

三、控制实验法

美国传播学者深信"实验是研究因果关系的最佳方法",因此他们热衷于实验。传播学研究中的控制实验法就是从实验心理学研究引用来的在美国广泛应用。

所谓控制实验,指的是以传播过程中的受众为研究对象,在经过特殊设计的实验室进行的,并对某些实验因素加以人为控制的方法。该法主要用于测试特定的信息刺激或者环境条件与人的特定心理或行为反应类型之间的因果关系。卢因和霍夫兰均用这一方法作过相关的研究。

控制实验法一般用于测试以下几方面的效果。

① 信源因素。测试信源的可信度的高低与传播效果的大小之间的联系。

② 信息内容因素。测试不同的信息内容是否会导致不同的认知和行为反应。

③ 传播技巧因素。测试各种不同的内容提示法、说理法和诉求法具有何种说服效果。

④ 受众的社会因素。测试受众的各种社会属性、群体归属关系、群体规范等因素对他们的信息处理过程有何影响。

⑤ 受众的个性因素。测试受众个人的信息处理方式与习惯、自信心的强弱等个性特征对其接受信息有何影响。

进行控制实验的实验室一般装有阅读机、录音机、放映机以及各种记录、测量反应的仪器,甚至实验室的形状、色彩、灯光都会有特殊的要求。其基本步骤是,先确定实验课题,即建立假设(假说发现型或假说验证型),选定实验对象(随机抽样或者典型抽样),制作信息测试材料,然后按照以下程序进行。

① 简化因素。即在众多影响传播的因素中,选择具有重要影响的因素,并根据研究目的,在所有选定的因素中确定一对自变量和应变量,以研究两者之间的因果关系(自变量的变化是否会引起应变量的变化)。

② 控制与实验。从实验的组织方法、实施程序和技术的角度来看,传播学中常用的控制实验主要有以下三种类型。

第一种称为"单一事后测试控制实验"。其做法是将实验对象随机地分成两个等质的小组,对其中一组实施信息刺激,而对另一组则不实施信息刺激;对两组均不做事前测试,只进行事后测试,实验目的是观察两组之间因信息刺激提示的有无而产生的差异。

第二种称为"前后测试控制实验"。其做法是对第一组实施两次测试,以观察比较信息刺激提示前后的变化;对第二组同样实施前后两次测试,但不提示信息刺激,以观察无刺激条件下的自然变化,并对两组进行比较。

第三种称为"所罗门四组控制实验"。其基本做法是把实验对象随机分成四组,分别给予不同的实验条件,目的是对测试结果进行多方面的比较。

③ 统计分析,写出实验报告。依据整理后的实验所得数据,利用方差分析法来观测各组之间的差距,计算其 F 比率值,借此推断出某些发现或结论,并对实验

前的假设进行检验。

控制实验法对于实验者来说确实很方便,但由于该方法是人为控制相关条件,所取得的研究结论很难完全与实际生活中的情形相符。这就需要把控制实验法与调查研究法结合起来,以避免出现误差。最近十多年来,实验研究尝试转向"社会实验法"(以整个社会作为实验室,在真实的社会背景下进行研究,也称为"自然实验法"),这应该是对于原来的控制实验法的一种完善。

四、个案研究

所谓个案研究,顾名思义就是对某一个体、某一群体或某一组织(如某个传播者、新闻编辑室、报纸、电视台等)在较长时间里连续进行调查(或者全面收集该研究对象的各种背景材料),并对其行为发展变化的全过程加以综合分析,以期提出独特的见解,又称为案例研究法、个案历史法。

个案研究包括对个案材料的收集、记录,并写出个案报告。在现场收集数据的叫做"实地调查"。它通常采用观察、面谈、收集文件证据、描述统计、测验、问卷、图片、影片或录像资料等方法。该方法有三个特点,即研究对象的典型性(个别性)、研究过程的深入性和研究成果的可操作性(综合性)。

进行个案研究是有一定的前提的,即所选特定个案应该是受众感兴趣的或者有一些突出的特点。但个案研究仅仅涉及某一个体,并不会事先提出假设或者证实某个观点并进行检验,因此不能据此作出某个可靠的推论,若要得出某项科学结论,最好与其他方法结合使用。

五、当代传播学新研究方法展望

网络等新媒介的出现,改变了传统的传播方式与格局。因此传播学研究也应该有个"大传播"的概念,无论是从理论上还是研究方法上,都应该有一种"大传播"的新视野。在研究方法上,应该有新的思路。

1. 变线性研究方法为交互式研究方法

小众社会、虚拟社区、社会分层的出现要求我们必须对以往的线性传播方法做出适当的调整,除了保持传统媒介一对多的传播研究,应该重视一对一、一对多,以及同步及异步传播的分类研究,并让位给交互性研究为主的新方法。

2. 从硬性控制到开放的控制研究方法

与传统的媒介相比,网络这种新媒介有着鲜明的个人化的特征。为了让网络健康有序运转,显然有必要研究全新的控制方法。国外对网络控制采取适应互联网特点的、开放的、因势利导方法,有一定的现实可行性,只有达到一种相对和谐的平和状态,才是控制的最高境界。在网络传播过程中,传统媒介的控制方法在网络空间有一定操作空间,但需要创新管理模式。

3. 从"传授分离"到"传授合一"的研究方法

在传统媒体中,受制于各种因素,受众主动发布信息和表达信息的机会很少,途径近似于无,在传播整个环节中实质上处于被动接受的状态。在网络传播中,模糊了传播者与受众的界限,每个用户都可以通过匿名的形式发布信息和表达意见,即具备传播者和受众双重身份,这无疑为效果研究理论拓展了新的思维空间。

4. 从单一媒体到综合媒体的研究方法

新媒介给传播学宏观研究即模式和观念层面带来了挑战,从微观操作层面也进行了新媒介时代传播学研究方法的变革,其中最有代表性的应该是网络调查研究方法。

第二节　传播学主要学术流派

按照传统的分类,传播学大致分为两大学派,即经验学派和批判学派。此外,还可以加上一个媒介环境学派。

20世纪以来,随着技术与经济的迅速发展,西方社会适应变革而涌现出了社会思潮。这些思潮大致可以分为两大阵营,一个是崇尚能够提升人类理性能力,带来技术进步物质繁荣的科学主义;另一个是传统的关注人的精神价值的人本主义。科学主义、技术主义和实证主义乃是一脉相承的,经验学派即属于此类。

一、经验学派

所谓经验学派,指的是从经验事实——环境或外部条件的变量出发,以经验性方法——实证主义和量化研究,来考察社会现象和社会行为的原因和规律的社会科学流派。尤指以美国学者为代表的主流传播学,其哲学基础是实用主义和行为主义。传播学的五位开创者均属于这一学派。

美国的经验学派源于19世纪的实用主义。实用主义认为,判断事物的标准不是思想或语言本身,而是思想所引起的客观行为,那种从观念到观念的纯主观抽象式的说明是不科学的。实用主义哲学通过杜威、米德等人的学术思想极大地影响了美国的传播学研究。经验学派主要考察传播过程的结构与功能,传播对人的心理、态度与行为的影响,以及如何通过传播来实现个人和群体的目标。这也就是传播效果问题。经验的方法对经验材料和客观真实数据的质量要求非常高。

经验学派在第二次世界大战期间最为活跃。其在战争期间对宣传、说服、舆论、民意测验、媒介内容、受众分析和短期效果的研究尤为关注且成果丰硕。虽然经验学派是主流的传播学派,成就也很多,但是其研究方法也存在若干不足,正如郭庆光所指出的那样:

首先,许多情况下,社会现象和人的理性或精神活动不能用经验材料加以说明;

其次,问卷调查不具备自然科学的精确和严谨性,控制实验说明不了复杂而丰富的社会现实;

再次,小范围的经验材料仅适用于研究微观现象,难以考察社会历史过程和宏观社会结构;

最后,受个人价值观和意识形态的影响,"纯客观"的态度在现实中很难做到。

二、批判学派

批判学派是在社会科学的法兰克福学派的影响下,以欧洲学者为主形成和发展起来的学派。

批判学派产生的社会背景是20世纪上半叶资本主义的迅速发展与两次世界大战。虽然人类依靠自身的理性能力,借助现代科学技术造就了物质文明的高度发展和社会产品的空间丰富,却未能避免战争浩劫与地球自然环境的恶化,物质技术文明反过来成为压迫和毁灭人类的强大的异己力量。文明没有让人类更幸福,反而带来了新的心灵困惑与危机。巨大的反差迫使人们对理性主义表示怀疑,这就是批判学派产生的社会与思想根源。

批判学派源于西方马克思主义,其中最知名的就是德国的法拉克福学派(法兰克福大学社会学研究所),该学派代表人物有霍克海默、阿多诺、马尔库塞、哈贝马斯、席勒、本雅明等,该学派在20世纪60年代正式形成。这一学派的代表有德国法兰克福学派、英国伯明翰大学的文化研究学派(代表人物S.霍尔、D.莫利)、累斯特大学的传播政治经济学派(代表人物是G.默多克、P.格尔丁)和法国结构主义学派。

该学派出现后,与经验学派有多次交锋,对美国体制产生了一定的冲击,但由于不服水土,只能在知识分子圈子产生影响,加上马克思主义本质上与"美国主义"差异甚大,所以批判学派在美国未能产生长久的影响。

批判学派与经验学派的差异主要有

① 在观点或根本立场方面,批判学派否定现有的政治经济秩序,对现行资本主义制度持批判态度。认为现存的资本主义制度及其传播制度都是不合理的,应予以改变,而经验学派是维护现存社会制度与秩序的。

② 在具体研究路径上,经验学派主要关心如何有效传播,看重的是传播效果。

批判学派则更多地将传播理论和社会理论结合在一起,着重考察经验学派所忽视和回避的与社会结构和意识形态相关的宏观问题(例如,为谁传播,对谁传播,传播的意义何在)。

政治经济学派着重探讨大众传播媒介的所有制结构以及媒介的垄断与控制问题,从所有制关系和经济结构上揭示资本主义大众传播的内在矛盾和制度的非合理性,而对传播内容本身关注并不多。

文化研究学派(伯明翰学派)主张从上层建筑和意识形态的相对独立性出发研究资本主义社会的大众传播,从文化方面透视当代大众传播的本质,通过解读各类传播符号、信息和文本,揭露其中的意识形态背景。霍尔认为,传播行为是一种话语的"劳动过程",传媒的生产就是建构信息,并且自始至终都是以意义和思想为框架的。大众传媒有一种"赋予意义"的独特功能,因此能作为"国家意识形态装置"从事"合意"的生产与再生产。正如格伯拉所说,"任何新闻,同时也是一种见解"。

法兰克福学派第二代旗手哈伯马斯则主张通过改善"传播的合理性"来实现社会变革。他认为,资本主义追求的是一种导致人的异化的"工具合理性",应该被抛弃,而应提倡通过扩展没有支配和强制的传播关系来改革社会的"综合的合理性",建立基于"理性合意"的新型社会关系。

(3)与经验学派关注事实判断的研究方法不同,批判学派的研究方法以思辨为主,关注的是价值判断,强烈反对美国主流传播学的实用主义和量化统计的实证主义态度。

三、媒介环境学派

媒介环境学派源于20世纪初的相对论思想,以麦克卢汉、伊尼斯、波斯曼、莱文森为主要代表。

20世纪50年代初,加拿大的伊尼斯发表了《帝国与传播》《传播的偏向》两部不朽著作,批判英美在领土与文化上对他国的侵略行为,提醒政府和民众抵制美国不断增强的文化霸权。同一时期,其同事麦克卢汉发表了《机器新娘》,批评美国文化和广告业的宣传手法;60年代他又发表充满天才思想的大作《古登堡群英》《理解媒介》,震惊了传播学界。1970年波斯曼在纽约大学建立媒介环境学博士点,他的三部媒介批评著作《娱乐至死》《童年的消逝》和《技术垄断》,对美国所存种种社会弊端特别是技术垄断和通俗电视文化进行了辛辣讽刺和深刻反思。

媒介环境学派从宏观的环境角度研究人、技术和文化的三角关系,关注的重点是传媒对人和社会心理的长效影响,在不少方面和批判学派有相通之处。

上述三个学派各有优劣,何道宽的下述评价可谓恰如其分:

从哲学的高度俯瞰这三个学派,其基本轮廓是:经验学派埋头实用问题和短期效应,重器而不重道;批判学派固守意识形态批判,重道而不重器;媒介环境学派着重媒介的长效影响,偏重宏观的分析、描绘和批评,缺少微观的务实和个案研究。

第三章　信息、符号与传播

第一节　信息与传播

一、信息的定义及特点

1. 信息的定义

我们已经知道,传播是一种信息交流或者信息流动活动。那么,什么是信息呢?

所谓信息,按照信息科学的观点,就是一切事物的存在状态、变化趋势及其特征的反映,是客观存在的物质运动形式,是构成客观世界的三大要素(物质、能量和信息)之一。简言之,信息就是指进行存储、传递并能被人感知的非实体性的情况和内容。信息一般可以分为物理信息(如电闪雷鸣)、生物信息(如鸡飞狗跳)和社会信息三大类。传播学所研究的就是社会信息。

所谓社会信息,指的是生物与生理信息之外的,与人类的社会活动有关的一切信息。需要指出的是,社会信息不仅是一种信号序列,它还必须包含一定的意义,即符号是意义的载体。正如德国哲学家克劳斯所说:"信息是物理载体和意义构成的统一载体。"也就是说,信息是物质载体和精神内容的统一,主体和客体的统一,符号和意义的统一。

以上所说的是信息的表面意义,现在再来分析信息的本质。

信息论的创立者香侬认为,信息的本质乃是"可以减少或消除'不确定性'的内容"。也就是说,凡是能够减少或消除不确定性的内容都属于信息。消息、资料、情报、数据、图像、知识、思想等都是信息。例如,我们看关于日本地震的新闻,就可以知道有多少伤亡和破坏,消除了我们以前的种种猜测,地震新闻就是信息。

此外,事物或事物间的差异变化也是一种信息。

2. 信息的特征

依前所述,我们可以概括信息具备的若干特征:

① 客观性。信息是世界的普遍现象,是一种独立于人类意志的客观存在。

② 感知性。信息能够被人类的各个感觉器官所识别。

③ 传递性。信息只有经过传递才能被人类所感知并发挥其作用。

④ 存储性。信息可以同归某些载体存放,以便以后随时使用。

⑤ 共享性。信息传播开之后,就能够被多人接受和使用。

二、信息社会

1. 信息社会及其特征

信息社会是相对于农业社会、工业社会而言的。这个概念最早于20世纪60年代提出。它指的是,信息成为与物资和能源同等重要甚至更重要的资源,整个社会的政治、经济、文化以信息为核心价值而得到发展的社会。在这个社会中,信息成为世界贸易的一种流通方式,可以在世界任何地方进行商品或服务交易。简言之,信息社会就是大量生产、传播和消费信息的社会,它将极大地改变现存的社会结构和社会生活。

美国学者奈斯比特在其《大趋势——改变我们生活的十个新趋向》提出了理解信息社会的几个要点:

① 信息社会是一种经济的现实,而不是抽象的思想。

② 通信系统和计算机技术的革新,消灭了信息的流程,加快了变化的步伐。

③ 新信息技术会首先应用到旧工业部门中去,然后再逐渐产生新活动、新方法和新产品。

④ 在这个知识密集的社会,我们比以往任何时候更需要有基本的阅读写作能力,而我们的教育制度却生产出日益增多的低劣产品。

⑤ 新信息时代的技术不是绝对的。它的成功或失败取决于高技术和深厚感情的原则。

按照郭庆光的概括,信息社会具有如下特征:

① 社会经济主体由制造业转向以高新科技为核心的第三产业,即信息和知识产业占据主导地位;

② 劳动力主体不再是机械的操作者而是信息的生产者和传播者；

③ 贸易不再局限于国内,跨国贸易和全球贸易成为主流；

④ 交易结算不再主要依靠现金,而是信用。

简单来说,信息社会最根本的特征是产品型经济向服务性经济转变,与之相关的专业技术人员上升到社会的主导地位。

2. 信息社会给人类的影响

（1）信息爆炸

所谓信息爆炸,指的是信息的海量生产和高速传播,大大超出了媒介的时空容量而产生的社会影响。具体表现为新闻、广告和娱乐信息剧增,科技信息增长迅猛。

信息爆炸不仅会使人们对海量信息感到麻木,还会造成信息泛滥和浪费,引发人们系列的心理疾病和犯罪行为。

（2）信息匮乏

信息匮乏指的是传媒提供的信息对其受众缺乏价值。包括真相信息匮乏、重要信息匮乏、知识信息匮乏等。

造成信息匮乏的原因很多,大致包括:传授双方地位不平衡;媒介组织的利益驱动造成其对传播的信息有所侧重和偏爱;传媒组织图省事,只肯收集和传播那些容易获取的、不费工夫的信息。

（3）信息污染

所谓信息污染,指的是信息中含有有害的、误导或欺骗性的内容,对受众和相关方面造成了损害或不利影响。

（4）信息侵略

信息侵略指的是一个国家或民族利用自己优越的经济条件和在传媒或信息上的优势地位,有预谋地把自己的核心价值观强制或隐蔽地输送到其他国家和民族的传播体系中,以达到渗透和取代的目的。其实质乃是用自己的价值观甚至语言去占领和统治世界,实现对他国的"思想征服"和文化侵略,也可称为媒介帝国主义或者文化帝国主义。

第二节 符号与传播

一、符号的定义、分类、特点和功能

1. 符号的定义

人与动物的区别在于我们人类有超越自然的文化,而文化总是体现为各种各样的符号。我们阅读书籍,看到的是文字、图画等,看电视接触到的是画面和声音,这些都是符号。人不但生活在物理的世界中,同时也生活在符号的世界中,人乃是符号和文化的动物。

信息首先表现为符号,也就是说符号是信息的表现形式或物质载体,是信息表达和传播中不可缺少的基本要素,凡是能够作为某一事物标志的东西都可以被称为符号。

研究符号客观规律的科学就是符号学,它研究符号的构成要素以及符号受哪些规律的支配等问题。

2. 符号的分类

(1)符号一般分为信号和象征符两大类

所谓信号,指的是能引起高等生物的条件反射的声音、动作和物理现象,一切自然符号都是信号。其与表示的对象事物之间具有一对一的自然的因果关系。

象征符是人类自由创造的、表示事物、观念、思想的人工符号(比如汽车标志、国徽),是它和与之同义的某符号的替代品。其与指代对象的关系具有随意性。毫无疑问,象征符也具备符号的基本特征,从形式上看,象征符是一种替代物;从内涵上看,象征符由于具有某种意义而获得一种解释。也就是说,象征符是具有双层意义的符号,既有符号的字面意义,也有符号的类比或联想意义。

这里有必要分析一下象征符的随意性。

象征符的随意性,首先表现为象征符与其所指代的对象虽然有密切的联系,但又不存在必然的联系;其次,一种对象事物可以用多种象征符来表示,而一种象征符也可以表达多种事物;再次,象征符的作用已经超出了知觉的层次,而具有表象和概念的功能。莫里斯甚至认为象征符是"符号的符号";最后,象征符是一种社会文化现象,同一个象征符在不同的社会里、不同的历史条件下,会有不同的解释。

(2)符号还可以分为语言符号和和非语言符号

①语言符号。语言符号是人类社会约定俗成的、特有的有声符号集和符号系统,是信息传播的主要载体和人类社会最重要的交际工具,是人类的重要标志。

完全成熟的语言符号是语音形式、文字形式和语义内容(传播研究的重点)三者的有机结合。语言符号包括语言、文字、图画等。其中口头语言是最主要、最基本的符号,与其他符号相比,语言符号具备静态性、抽象性、有限性、复杂性、暧昧性和强生成性等特征。而且,语言符号的传播要受时空的限制,是分离性的、阶段性的、线性的。

语言符号的暧昧性主要表现在:

第一,语言符号本身意义的模糊。这在古今中外均很常见。

第二,语言符号的多义性。语言符号的暧昧性容易形成传播障碍,但可以借助其他条件或场景加以克服。当然语言符号的暧昧性在特定的场合也会产生独特的、幽默的传播效果,不能一概否定。

运用语言符号进行有效的传播需要对话者的有效协作,传播者要遵循一定的交流规则,言简意赅。受众要联系传播者的传播目的、意图和传播背景、场合,准确解读传播者语言符号的言外之意。

与文字的传播功能主要体现在历时(记录并随时与他人共享)方面有所不同,语言符号的主要功能主要体现在共时(当面当时交流)方面。

语言符号的作用主要有:传播信息;表达情感;指导行动。

日本学者早川一荣认为,运用语言符号要尽量限于可以加以验证的表述(报告),而力求避免涉及情感表达的推论(从已知推测未知的表述)和判断(对客观事实的主观评价)。

②非语言符号。非语言符号指的是除了语言之外的其他所有传播信息的符号,是那些"只可意会,不可言传"的微妙代码。非语言符号所传递的信息与信息接收者的情绪、情感密切相关,它也往往比语言符号所传递的信息更为可靠,很多信息都是依靠非语言符号加以传播的。

非语言符号包括三大类:

第一类,听觉性的语言符号的伴生符(速度快慢、口头禅、声音高低等);

第二类,视觉性的物化与程式化的符号(仪式、习惯、外貌、服装、饮食、交流距离、图像、建筑、标志、城市与消费方式等);

第三类,体态符号(动作、手势、表情、眼神或视线、姿势等),据说人体可以发出70万个不同的信号,即使是静止的体态也能传播多种的信息。

根据英国学者阿盖尔的观点,非语言符号具备传播态度与情绪、辅助语言传播和代替语言三种功能,这无疑是很经典的表述。根据邵培仁、郭庆光等学者的深入分析,非语言符号的作用可以进一步细化为以下几点:

① 控制。即利用非语言符号对受众进行控制。

② 强调。非语言符号可以强化语言符号传播的信息。

③ 替代。非语言符号替代语言表现的不足。

④ 补充。非语言符号充实语言符号要表达的某些内容。

⑤ 否定。非语言符号有时可以否定语言符号表达的含义。

⑥ 重复。非语言符号让受众准确理解语言符号的真实含义。

⑦ 调节。主要是指非语言符号调节交流时的气氛和状态。

3. 符号的特点

① 符号为人类社会所独有,动物世界是没有符号的。

② 符号与人类的语言、意识、思想是联系在一起,不可分割的。简言之,符号应该代表某种意义。传播学研究中的符号学派就认为,传播乃是意义的表述。

③ 符号是有局限性的。"符号不是完美无缺的载体,必然是从个人的经验中抽象出来的。任何一套符号都不能把个人的全部感觉传达出来,人内心的活动是无法全部表达的。"因此,我们永远不能肯定我们"知道"另一个人真实而全面的感受。

4. 符号的功能

(1)指代与表述

指代是一切传播的基础。人们之间要交流,不可能直接传递那些无形的精神内容,必须借助于某种可以感知的物质形式,即符号。而传播对象也只有根据这些符号方能理解其意义。符号学派认为,人与人之间的传播活动首先表现为符号化(用语言、文字等符号表述其实际感知的部分信息或意义并形成价值判断)和符号解读(对接收到的符号加以阐释和理解,读取其意义)的过程,也就是编码(把信息转化成便于媒介存储、传递以及受众容易接受的符号和代码)和解码(把接收到的符号或代码转化为受众可以理解的信息)的过程。

（2）传达与交流

符号是社会存在与发展的必要条件,只有通过符号才能建立、维系和中断传播。作为精神内容的意义只有在转换为一定物质形式的符号之后,才能在时空中得到传播和保存。

（3）认识与思考

即引发人的思维活动,思考首先要有对象及关于对象的知识,而这些都早已以符号形式存在于人的头脑中。意义作为符号形式所表现出来的全部内容,是人对客观事物进行解释的结果。

（4）约束与表现

有意义的符号对传播者有控制约束作用。因为传播是在一定的社会关系中进行的,又是一定社会关系的体现,传播方式、内容要受环境的制约。

此外,符号的使用与传播,往往能表现出一个人的家庭条件、教育背景、个人修养与社会地位等。

二、符号与意义

1. 意义的概念

施拉姆认为,符号是人类共享的。所共享的并不是符号,而是符号所代表的意义。符号之所以被创造出来,就是为了向人们传达某种意义。前面已说过,符号是文化的体现,文化的本质就是借助符号来传达意义的人类行为。在世界文明史上,人类持续不断地把意义赋予他们所生活的文化环境与自然环境。那么什么是意义呢？意义乃是人对自然事物或社会事物的认识,以及人赋予对象事物的含义,它是人类以符号形式传递和交流的精神内容。因此,以符号作为载体之文化的核心就是意义的创造、交往、理解和解释。

斯图尔特在1999年指出：

传播是人们建构我们现实的方式。人类世界不是由物体构成的,而是由人们对物体的反应构成的,或者是由物体的意义构成的,而这些意义是在传播中商定出来的。不要企图将传播仅仅看作一种共享思想的方式,因为它远远不止于此。人们正是使用这个过程来限定现实本身的。

意义具有以下特征：

第一，意义是普遍存在的，无论何时何地，都有意义的藏身之所，我们无法想象一个没有意义的社会。

第二，意义互动乃是人的精神活动，与人的社会存在和社会实践密不可分。没有人类及其社会实践，也就无所谓意义。

第三，意义在人类的社会生活中起着重要的作用。人与人之间的社会传播，本质上也就是意义的交流（即交换精神内容）。

第四，意义本来就是人类在生产活动中，通过不断认识和把握对象事物的性质与规律抽象出来的，是在社会互动中产生的。

第五，意义互动既是社会关系形成的纽带（如库利所说"人与人关系赖以成立与发展的机制"，或如米德所言"个人与社会之间相互作用的纽带"），又反过来体现了社会关系，是人类基本的活动之一。

第六，如施拉姆所说，意义是个人的。意义"绝不能全部表达出来；也绝不会是人人共享、完全一样的。"

2. 符号意义的分类

意义不能脱离符号而存在，但符号与意义并不总是一致的，符号本身还有其意义，正如施拉姆所指出的：

在一定意义上，符号与意义是相对分离的，符号的意义因时因地因人而异，随语境而变化；甚至对个人而言，语义会因时而易。

对于同一个事物，用于表述的符号和方式可以是多种多样的；不仅如此，对于同一个事物，因为种种因素的影响，不同的人也会有不同的理解。这就使得要准确理解与把握符号的意义有时候会比较困难。

接受学的观点认为，如果说符号的含义或者表面层面是由编码者所决定的，那么，符号的含义或者符号的内容层面则由解码者所决定。这是因为任何理解过程都会带有主观因素（文化背景、动机、个人喜好、情绪、态度、心里预设等）。此外，人们也习惯于把类似或相近的两个实际上不同的事物看为一体，喜欢完整、规范、统一的事物而排斥凌乱、残缺的事物，这些都会影响对事物的准确感知。这就是说传播者所要表达的意义在受众这里会受到误解或曲解。

一般来说,符号意义可分为以下几种。

(1)外延意义和内涵意义

符号的多义性是常有的现象,这就导致了人们对于符号意义的不同解读。一般来说,符号意义可以分为外延意义和内涵意义。外延,就是包含的种类,内涵就是所表示事物的定义。

外延意义包括词汇意义、语法意义,指的就是那些约定俗成的、相对稳定的、符号与客观事物有代表性的一般意义。

内涵意义包括语境意义、修辞意义、历史意义、文化意义等,是一种对符号所表达的事物的一种评判性的意义,它很不稳定。

关于这一点,施拉姆指出:我们必然要共享一定的外延意义,这是基础,否则社会成员就不能交谈;同时,社会成员要在一定程度上共享内涵意义,只有如此,社会生活才能和谐与舒适。

所谓语境,即言语环境,它包括语言因素,也包括非语言因素。上下文、时间、空间、情景、对象、话语前提等与词语使用有关的都是语境因素。语境分情景语境、文化语境两类。语境意义指的是在很多情况下,传播语境会形成符号本身不具备的意义,并制约符号本身的意义。

(2)明示性意义和暗示性意义

明示性意义就是符号的字面意义,是符号所要表达的核心思想,社会中多数人通常会对符号的字面意义有相对固定的、共同的理解。

暗示性意义指的是符号的引申意义。它易于变化,不大容易在社会中达成共识。

此外符号意义还有指示性意义(符号与现实事物联系起来思考时的意义)和区别性意义(表示两符号含义之异同的意义)等划分。

麦奎尔指出,媒介机构参与了最广义的符号意义上的知识的生产、再生产和分配,而这些符号与社会经验具有密切关系。

三、人类象征行为

1. 人类象征行为的定义

人类象征行为,就是指人类用具体事物表示某种抽象概念或思想感情的行为。它一般通过具有双层意义的象征符传达象征意义来实现。

象征行为的主要特点,就是使象征符的表面意义向类比或联想意义转化。当然,这种转化取决于两者之间的类比关系,即两者要有某种类似性,这种类似性不一定是直接或绝对的,往往取决于与社会生活的联想和想象。

2. 象征性互动理论

所谓象征性互动,指的是在双方有共通的意义空间里,对传播使用的语言文字等符号含义有共同的理解和接近的生活经验和文化背景的前提下,人与人之间通过传递象征符和意义而相互作用、相互影响的过程,目的是进一步扩大双方共同的意义空间,加深双方的相互认知和理解。应该指出的是,由于地理位置、文化背景的差异,以及社会生活的多样性等因素的影响,人与人的意义空间是不可能完全一致的。但是意义的交换或者互动只能通过那些共同的部分来进行。

最早提出象征性互动理论的是米德,后来布鲁默对这一理论又有所发展。

米德在《心灵、自我与社会》一书中指出,人类具有应用符号、内隐反思、自我了解和自我控制的能力。这些能力是为了进行有规则的互动而对环境做出适当的反应。这种反应能力是人类通过后天学习得来的。即通过约定俗成的姿势,人类发出相应的行动过程的信号;通过解读这些姿势,人类可以相互采用彼此的看法及与一种社会情景相联系的更为"泛化的共同态度";通过深度思考,人类可以"富有想象力地演习"各种可供选择的行为方式,并做出最适当反应;通过自我传播能力,人类可以把自己看作在一种情景中的评价对象;通过这种自我了解和自我评价,控制和调节自己的反应。

米德的上述观点涉及他的"主我与客我"观。该观点认为,自我是"主我"(I)与"客我"(Me)的统一。主我是个人的主体意识,通过个人围绕对象事物从事的行为和反应具体体现;客我是从周围观察到的他人对自己的态度、评价和角色期待,是自我意识的社会关系的体现。"主我"是形式,"客我"是内容,"客我"促使"主我"发生新变化,"主我"反过来改变"客我",二者通过有意义的象征符在不断的互动中形成自我。自我的形成是个人的社会化过程,即个人适应社会的过程,但形成后的自我反过来也会积极地作用于社会。因此,个人必须适应社会,同时,自我又是社会创造的主体,个人与社会的关系乃是一种相互制约的关系。

布鲁默以其《象征互动论》一书成为象征互动理论集大成者。他认为,人是拥有自我的社会存在,在把外界事物和他人作为认识对象的同时,也把自己本身作为认识的对象。在此过程中,人能认识自己,拥有自己的观念,与自己进行沟通和传播,并能对自己采取行动,即能自我互动。这种互动本质上是与他人社会互动的内在化,即与他人的社会联系或关系在个人头脑中的反应。人内传播过程中,个人会沿着自己的立场或行为方向对他人期待的意义进行能动的理解、解释、选择、修改、加工,并在此基础上重新组合。这样,他人期待和自我都已不再是原来意义上的,而是新的。该理论说明,人不但与他人传播,也同自己传播。自我传播也具有社会性,它是与他人的社会传播关系在个人头脑中的反映。自我传播有助于个人在与社会的联系上认识和改造自己,不断实现自我完善与发展,对个人具有重要意义。

象征性互动理论的核心问题是考察以象征符(尤其是语言)为媒介的人与人的互动关系。其核心观点是为:人是具有象征行为的社会动物,人的象征行为是积极的、创造性的过程,是人类创造出广泛的文化的一种活力。社会学的研究重点应该是人们通过符号展开的交往互动行为。

该理论认为,意义产生于人们之间的互动过程中,人们以象征符来表达意念、价值与思想,而符号的意义随着个人与情景的变化(社会互动)而发生变化,可以进行不同的解释。意义、社会互动、解释是象征性社会互动的三个基本概念。这三个概念对于考察社会传播和人与人之间的信息交流,揭示人的本质,理解现实生活有一定意义,但象征互动理论所描述的只是动态的人际关系,而不是宏大的社会结构,因而也有其局限性。

3. 社会象征文化

文化是人类为了传达关于生活的知识与态度,使之得到传承和发展而使用的,以象征符形式来表现的继承性的观念体系。在社会学和文化人类学中,文化可以被理解为符号体系特别是象征性符号体系,亦即象征性文化。

在人类漫长的发展过程中,有很多发现与发明,其中有语言和以语言为代表的象征性体系即人工符号。按照马克思主义辩证唯物主义的观点,物质基础决定上层建筑,上层建筑具有相对独立性并可以反作用于物质生产。作为物质生产过程中产生的意识形态产品,象征符一经出现,自然也就会有相对的独立性,能动地作用于社会,这在当代的消费文化中体现得尤其明显。

　　在工业社会及以前,生产是社会分配最重要的因素,消费则被排除在主流因素之外(此时,节俭是美德)。而在当代社会,消费则比生产更重要。因为此时人类已进入了一个生活必需品以外的以消费为主的社会,商品造成需要(而非需要造成商品),消费不是因为生活之需(实用价值),而是为了心理上的满足(寻找某种"感觉"和"意义"),在这些人看来,不享受时尚的生活(如流行音乐、快餐、高尔夫、汽车、海滨浴场、时装)就是没有真正享受生活。其内容由物质的消费变成了精神的消费。消费从经济行为转向文化行为(以形象化的商品而非商品本身,甚至以消费为消费对象)。例如,人们在进入大型商场之前似乎不需要什么,出来之后却感觉什么都需要。现代人把虚拟的未来需要变作当前需要,消费对象制造出一种对于消费者的价值,让消费者习惯或不习惯地拥有某种商品,不在乎天长地久,只在乎曾经拥有。商品和服务的流行性越来越强,而流行周期则越来越短,正如胡适所言:"流行的都是短命的。"

　　消费并不需要的产品(如时装)是消费时代的根本特征。

　　文化的象征化,除了在消费领域表现得十分明显外,在政治领域、经济领域、文化领域以及生活与娱乐领域,处处充满了新的象征符和象征意义。

　　象征符的不断创造和更新,的确体现了社会的勃勃生机。不过,从另外一个角度来看,象征符过多的变化容易造成意义、规范和规则的流动化和无序化,使得社会成员的认知、判断和行动产生混乱。事实上,20世纪以来人类面临的社会基本上就是一个信息紊乱的社会,各种力量和声音(话语权力)不再相互倾听、理解、对话,而在于各自的意义表达需要的实现。传播过程的断裂,引发了各种社会问题。人类在这样的环境中,精神上是个漂泊者,由于任何行为都没有肯定性的意义和重要性,因此只能通过在话语幻象中制造出自身存在意义的方式来安身立命。一切只有符号意义,一切都只是一种交流方式、表达方式,一切都旨在显示自己的文化身份、地位归属,所以我们不时可以看到穷人炫耀苦难、富人炫耀财富、文人炫耀文化、权贵炫耀权势的奇特景观。

第四章　传播功能与传播模式

第一节　传播的主要功能

我们已经知道,传播是社会信息的流动。那么人们让信息流动的目的又是什么呢? 这就涉及到传播的作用或功能问题。所谓传播功能,指的是传播活动对人和社会所起的作用或释放的能量。随着人本主义思想影响的日趋扩大和受众地位的提高,传播功能的研究越来越受到学术界的重视,关于这个问题,传播学界有很多经典论述。

一、几个代表性的观点

1. 拉斯韦尔

1948年,拉斯韦尔在其《传播在社会中的结构和功能》一文中,对传播的功能描述是这样的:

与细分传播行为相比,我们对研究传播行为与整个社会进程的关系兴趣更大。任何过程都可以从结构和功能两个方面研究,我们的分析将探讨传播带来的某些特定功能。其中明显可区分的功能如下。

① 监视环境;

② 使社会各部分在对环境做出反应时相互关联;

③ 使社会遗产代代相传。

第一点指的是,媒介应该是社会的瞭望哨,人们通过媒介可以及时了解和把握内外环境的变化,并适应这些变化,从而保证人类社会的生存和发展。

第二点指的是,人类通过媒介联络、沟通和协调各种社会关系。

第三点指的是,文化或知识的传承和延续。

拉斯韦尔还指出:

外交官、使馆随员和驻外记者的功能是守望环境的代表人物。编辑、记者和演说家的功能则是协调社会以对环境作出回应。家庭教育和学校教育的功能是传承社会遗产。

2. 赖特

社会学家赖特在《大众传播：功能的探讨》一书中，对拉斯维尔的观点做了更为规范化、学术化的表述，并补充了一项功能，这样，媒介就具有四项功能。

（1）环境监视功能

在特定社会的内外部收集和传达信息，包括警戒外来威胁和满足社会的常规性活动的信息需要。

（2）解释与规定功能（即拉斯维尔所说的协调）

传达信息并非单纯告知，常伴随着对事件的解释，并提示人们该采取什么行为反应。

（3）社会化功能（即拉斯韦尔所说的社会遗产传承功能）

媒介在传播知识、价值及行为规范方面有着重要作用。

（4）提供娱乐

媒介可以满足人们的精神生活需要，特别是能提供娱乐。

3. 拉扎斯菲尔德

1948年，拉扎斯菲尔德在《大众传播的社会作用》中，对传播的功能提出了自己的观点：

（1）授予地位功能

事物或人通过大众传媒的广泛报道就会获得很高的知名度和社会地位。

（2）促进社会准则的实行

媒介具备社会规范强制功能，可以将偏离社会规范和公共道德的行为公开，造成强大的社会压力，从而强制人们遵守既定的社会规范。

（3）麻醉受众神经

人们受媒介的影响，过度沉溺于其所提供的表层信息和通俗娱乐，变成了没有思想深度与精神追求，只受物质欲望支配的"单向度的人"，他的神经被泛滥成灾的信息所麻醉，对此类信息再也没有兴趣，变得无动于衷，并觉得自己无能为力，失去社会行动力,他只是阅读、收听和思考,却以为这可以代替决断和行动。渐渐地误以为只要自己对当代的种种问题做些了解也就等于自己为这些问题采取了某种行动。就像钱钟书《窗外》所描写的那样:

有了门,我们可以出去;有了窗,我们可以不必出去。窗子打通了大自然和人的隔膜,把风和太阳引进来,使屋子里也关着一部分春天,让我们安坐着享受,无须再到外面去找。

而且,大众传媒这个"时间小偷"的无所不在及其独特的吸引力占用了人们大量的闲暇时间,对此,拉扎斯菲尔德和默顿曾尖锐地讽刺道:

人们为了争取休息自由、大众教育和社会安定所进行的斗争,原是希望自己一旦摆脱了种种束缚之后,可以享受社会伟大的文化成果,如贝多芬、歌德,甚至康德的作品。相反,他们现在却转向大众文化的所谓明星。仅此而言,大众传播是最高尚、最有力的一种社会麻醉剂。其麻醉作用十分有效,中毒者自己也不了解病因。人们用几代人的努力换来的宝贵时间,现在却被大众传媒占用了。在自由的时间中,人们不是在和哥伦比亚大学打交道,而是在和哥伦比亚广播公司打交道。

拉扎斯菲尔德和默顿认为,所有媒介都是现存社会秩序的维护者:

在一定程度上,传播媒介对受众的影响不仅在于他们说什么,更重要的是他们没有说的是什么。媒介不仅继续肯定现状,而且不会从根本上质疑现存的社会结构。

对大众传媒的这一消极作用,除了拉扎斯菲尔德、默顿,还有很多学者都提出了尖锐的批评。他们认为娱乐媒体的负面影响很多,包括暴力的刺激、性道德的衰落、被动的情绪、以幻想代替现实、崇拜物质主义等。

温恩认为,电视节目乃是一种"插电的毒品":

严重上瘾的本质是追求快感,寻找正常生活中没有的亢奋。……正如毒品或酒精,电视经验让电视参加者脱离现实,进入一种快感而消极的精神状态。

日本学者清水几太郎也指出,现代社会由"信息的大量复制"所支配,大众媒介作为"营利性企业"和"宣传机构",使大众淹没于表层信息,丧失理性思考和判断能力,其消极作用类似于"心理暴力"。

美国学者格林经过对大众传媒的长期观察和研究之后也认为,电视的煽情性和刺激性使美国人的理性思考和判断能力急剧下降。

美国学者席勒对流行的特技效果行业进行了尖锐的批评,他在《大众传媒与美帝国》一书中指出,特技效果行业是为了提高吸引和操纵观众与听众的能力而出现的,特技效果创造了新的声音、新的影像、新的情感和心灵的震撼,目前该行业已经成为整个文化工业的一个必要的组成部分:

特技效果应用的大幅度增加说明市场需求无法得到满足。由于所有媒介都主要被用于吸引和控制受众对销售信息的注意,生产新的、与众不同的、难以抗拒的感官刺激的疯狂渴望由此产生。那些特技行业卓越地完成了其商业使命,其高品质的作品在很大程度上有助于居支配地位的意识形态的维持和渗透。以其独有的方式——分散受众注意力、为受众提供消遣、减少受众的理性思考等,特技效果行业有助于预先干预迫切需要的有关经济与社会给发展方向的全国性对话。

世界著名媒体文化研究者和批评家波兹曼在其影响深远的《娱乐至死》一书中,对娱乐文化泛滥的后果进行了深刻的剖析:

奥威尔害怕的是那些强行禁书的人,赫胥黎担心的是失去任何禁书的理由,因为再也没有人愿意读书;奥威尔害怕的是那些剥夺我们信息的人,赫胥黎担心的是人们在汪洋大海的信息中日益变得被动和自私;奥威尔害怕的是真理被隐瞒,赫胥黎担心的是真理被淹没在无聊烦琐的世事中;奥威尔害怕的是我们的文化成为受制文化,赫胥黎担心的是我们的文化成为充满感官刺激、欲望和无规则游戏的庸俗文化。

波兹曼指出,一切公众话语日渐以娱乐的方式出现,并成为一种文化精神。我们的政治、宗教、新闻、体育、教育和商业都心甘情愿地成为娱乐的附庸,毫无怨言,甚至无声无息。就像赫胥黎在《美丽新世界》中所担心的那样,人们会渐渐爱上压迫,崇拜那些使他们丧失思考能力的工业技术,由于享乐失去了自由,我们将毁于我们所热爱的东西,成为一个娱乐至死的物种。

4. 罗宾森

罗宾森对人际传播的功能作了专门的研究,认为有如下功能:

① 避免不愉快的行动;

② 接受社会规范;

③ 美感;

④ 寒暄；

⑤ 允诺或保证；

⑥ 节制自我；

⑦ 节制他人；

⑧ 感叹；

⑨ 表达社会属性；

⑩ 显示人物关系；

⑪ 非语言领域的参照；

⑫ 教育；

⑬ 询问；

5.国际传播问题研究委员会

1981年国际传播问题研究委员会发表《多种声音，一个世界》，该文概述了传播的八项功能：

① 获得信息情报；

② 社会化；

③ 动力；

④ 辩论和讨论；

⑤ 教育；

⑥ 发展文化；

⑦ 娱乐；

⑧ 一体化；

6.博尔丁

博尔丁等经济学家也对研究传播的经济功能做过研究，他们认为：

① 传播必须满足为环境绘制经济地图的需要，以便每个人和组织都能为自己构建在特定时刻所拥有的买卖机会的意象。这一过程可通过广告完成，也可以通过对价目表和商情的分析来完成。

② 经济政策必须协调，这个工作通过个人、组织和国家来完成，市场必须有管理和控制机制。

③ 社会必须在经济行为的技能和期望方面为人提供必要的指导。

7. 沃森和希尔

这两位英国传播学家在《传播学和媒介研究词典》中归纳了传播的八项功能：

① 工具功能，即实现某事或获得某物。

② 控制功能，即劝导某人按一定的方式行动。

③ 报道功能，就是认识或解释某事物。

④ 表达功能，及表达感情或通过某种方式使自己为他人所理解。

⑤ 社会联系功能，即参与社会交际。

⑥ 减轻忧虑功能，处理好某一问题，减少对某一事物的忧虑。

⑦ 刺激功能，就是对感兴趣的事物做出反应。

⑧ 明确角色功能，因某种情形需要扮演某个角色。

8.施拉姆

施拉姆在其名著《传播学概论》中总结了传播的综合功能，较有代表性。

① 政治功能。监视(收集情报)，协调(解释情报；制定、宣传和执行政策)，社会遗产、法律、习俗的传承。

② 经济功能。关于资源及买卖机会的资讯；解释以上资讯；经济政策的制定；市场的运作与控制；经济行为的洗礼。

③ 一般社会功能。关于社会规范、角色等的信息，接受或拒绝这些规范、角色等信息；协调公众的理解和意愿，市场控制的运行；关于社会规范和角色规矩向新社会成员的传承；娱乐功能(休闲活动，从工作与现实问题中得到解脱，无意为之的学习，社会化)。

为便于理解，施拉姆还为以上所说的功能制订了一个直观的表格，见下表。

传播功能内外观

功 能	外观面	内观面
社会雷达	寻求或给予资讯	接受资讯
咨询操作,决策管理	劝说,命令	解释,决策
传授知识	寻求知识,传授知识	学习
娱乐	愉悦	享受

以上功能仅适用于运用传统媒介进行传播的情况，当大众传播媒介被广泛运用

后,传播功能有了一些新变化。施拉姆绘制的另一张表格对此进行了说明,见下表。

传播功能的变化

传播的功能	口语社会	媒介社会
社会雷达	个人接触,守望人,报信人,旅行者,会议,集市	个人接触,新闻媒介
管理	个人影响,领袖,咨议会	个人影响,领袖,行政与司法机构,舆论媒介
传授	家庭教育,专家示范,学徒制	家庭里的幼年社会化,教育制度,教学材料与参考资料
娱乐	民歌手,舞蹈师,说书人,群体参与	创造性艺术与表演艺术,娱乐媒介

二、传播功能的系统分类

上述各位专家的传播功能观,应该说对传播的各项功能均有涉及,美中不足的是,学术界对此系统梳理得不够。到目前为止,还没有哪一位研究者概括出全面、简明而又权威的传播功能观。相对而言,邵培仁对传播功能的梳理比较系统化和学理化。他认为,要想对传播功能作出科学的分类和解释,可以尝试从以下几方面入手。

1. 从功能呈现的方式来看,它可以分为显性功能和隐性功能

显性功能是人们可以明显看出或感觉到的作用或效能;隐性功能则是人们不易觉察到的作用效应。这两者有可能产生正面作用,也可能产生负面作用。美国社会学家罗伯特·默顿在《明显的和潜在的功能》一文中,把显性功能解释为有意图的、有意识的、预想的功能效果,把隐性功能叫做无意图的、无意识的、未能预想的功能效应。前者是传播者为实现传播目标而明确提出来的,有助于调节或适应各种社会关系和使命,并且容易受到人们的理解和欢迎;后者是隐藏在传播活动的过程中,为传播者所始料不及的、突然或很长时间才反映或显示出来的效能,通常被人们看作额外任务而不被欢迎和理解。这两种功能,有时几乎像他的影子一样不可分开。

2. 从功能释放的效应来看，它可以分为正功能与负功能

功能分析主张一种现象或是制度，应该要从它对其所存在的系统在维护和建设方面所做出的贡献进行分析。就媒介来说，加入它的贡献维护了社会，那么它就可以被称为正功能；相反，它的存在破坏了社会，则是负功能。正功能是信息传播的正常效果，也是传播者所预期的和追求的。负功能则是传播者在传播活动中不愿见到的和力求避免的令人不愉快的负效应。负功能对正功能的影响力有干扰、滞退的消极作用；而正功能的有效发挥，也有助于抑制负功能的产生。

3. 从功能应用的区位来看，它可以分为思想功能和交际功能

思想功能是指人类传播活动对人的思想意识所产生的种种作用，包括信息、教育、启发、娱乐、影响等。交际功能是指传播活动对人与人之间的交往关系所产生的各种作用，包括享受家庭温馨，感受朋友情谊，追求补偿，摆脱挫折，抵制强权，驱除紧张感，打破孤独感，等等。

下表是邵培仁从功能产生的渠道角度对人类传播功能的概括。

个人、组织、社会层面的传播功能

个人的功能	组织的功能	社会的功能
接受信息	告知功能	政治功能
解释决定	表达功能	经济功能
学习知识	解释功能	教育功能
享受娱乐	指导功能	文化功能

第二节　传播模式

所谓模式，指的是人们对历史上某一事物或某个理论所做的简明的直观描述或解释。例如，苏州、无锡、常州等地颇有特色的小城镇建设的做法被称为"苏南模式"。传播模式就是指描述和解释传播现象的、经过抽象和简化的理论图示和解释程式。传播模式一般分为两大类：一是结构型模式，说明传播过程的结构；二是功能型模式，描述传播各系统或各部分之间的关系和相互影响。传播模式可以对理论进行构造和解释，并能启发和预示新的理论假设。

在传播学研究中,学者们通过对传播现象的考察,对传播的特征进行某种模式的构建,并通过收集相关的信息和结果来检验和评判这个模式的优劣。也就是说,所构建的传播模式是否科学合理,取决于其是否准确地反映了传播的实际情况。如果一个传播模式能解释和预测传播中的各种现象,解答和预测各种传播中的问题,能引导研究人员或实际操作者关注传播过程中的各要素及其相互关系并能及时干预,那就可以说,这是一个比较出色和成熟的传播模式。

一、传播的基本构成要素

要研究传播模式,首先要知道传播的要素构成,一般来说,传播过程的构成要素有以下几个方面。

1. 传播者

即信息科学所说的信源,也就是信息发出者。个人、群体或组织皆可称为传播者。

2. 受传者

即信息科学所说的信宿,传播学所讲的受众,信息接收与反应者,包括观众、听众、读者等,个人、群体或组织皆可称为受众。

3. 信息

信息是传播的内容,是传播者、受众双方进行社会互动的介质。信息既可以是私人的,也可以是公开的;既可能是有意的,也可能是无意的。

有学者认为,噪声、语境也可以构成信息的一部分。所谓噪声,是指任何扰乱或歪曲信心传播活动及内容的事物;所谓语境就是传播时的场景或背景。

4. 媒介

即传播渠道、信道、手段或工具,是信息的移动者,也是连接传播过程中各种因素的纽带,传播渠道可以有多种。

5. 反馈

所谓反馈,指的是受众对接收到的信息的反应。它告诉传播者,传播者及其传播内容给受众留下了什么印象。这是传播过程诸要素中最被看重的一个要素,所有的传播活动都要围绕它展开。鼓励传播者继续行动的反馈被称为积极的反馈,否则就是消极的反馈。消极反馈可以起矫正传播方式和传播内容的作用,能帮助传播者减少那些被人厌烦的、低效率的传播行为。积极反馈和消极反馈都可以从传播者内部或者外部发出来。

二、几种经典的传播模式

在传播学的研究历史中,不少大师级的传播学家描述过传播过程,并提出了各具特点的模式,这些均成为传播学研究的经典学术范例。

1. 拉斯韦尔的单向传播过程模式

美国的拉斯韦尔是最早研究并总结传播模式的学者,他在1948年的名作《传播在社会中的结构和功能》一文中,提出了描述传播行为的一个简便方法,又称拉斯韦尔模式或5W模式,如下图。

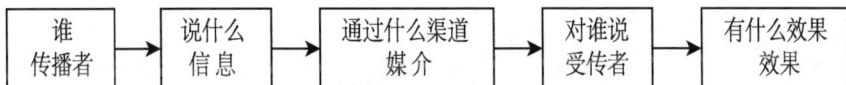

拉斯韦尔的5W模式

所谓5W是指:

Who(谁);

Say what(说了什么);

In which channel(通过什么渠道);

To whom(向谁说);

With what effect(有什么效果)。

其包含的内容为:

谁(传播者)—说什么(信息)—通过什么渠道(媒介)—对谁说(受传者)—有什么效果(效果)。

应该说,拉斯维尔模式抓住了传播过程的主要方面,该模式第一次将人类的传播活动明确表述为有五个环节和要素构成的过程,为人们理解传播过程的结构和特性指明了方向;更为重要的是,该模式明确勾勒出传播学研究的五个主要领域(控制研究、内容分析、媒介研究、受众研究和效果研究),为传播学理论体系基本框架的构建奠定了坚实的基础。

当然,拉斯韦尔的模式的局限性也是明显的。首先,该模式未能揭示传播的动机和背景;其次,认为传播必然会有效果也不太符合实际情况;第三,该模式是一个单向的直线模式,不仅简单而且未提供反馈渠道,没有揭示人类传播的双向和互动性质。

为了弥补拉斯韦尔模式的一些不足,1958年,布雷多克在《"拉斯韦尔公式"的扩展》一文中,又增加了两个W:

"在什么情况下?"

"出于什么目的?"

这样就构成了7W模式。该补充尽管在一定程度上优化了拉斯韦尔模式,但依然存在忽视传播过程的反馈环节等缺憾。

2. 香侬-韦弗的单向数学模式

1949年,香侬与韦弗在《传播的数学原理》一书中,提出了传播的数学模式。这是一种由四个正功能单元和一个负功能单元所构成的直线型通信模式,具体内容如下图。

信源—发射器—□—接收器—信宿
噪源或噪声
香侬与韦弗的数学模式

上述模式各单元的具体含义如下:

① 信源:要传递的信息。

② 发射器:把信息转变为信号的设备。

③ 接收器:把信号还原为信息的设备。

④ 信宿:接受信息的人或者物。

⑤ 噪声:信息传播过程中的各种干扰因素,既包括附加在信号上面的非信号源有意传送的东西,也包括来自渠道以外的干扰因素。噪声不仅可以增加信息内容的不确定性,其本身也可以增加信息。

香侬等人的这个数学模式的最大创新在于导入了噪声概念,它表明传播过程中各种内外的障碍因素会形成对信息的干扰,从而造成传播者所传信息和受众所收信息之间存在某些差别。这个观点是对传播的负功能的重要发现,它有利于提高传播研究者和实际运用者对信息科技在传播过程中作用的全面认识。不过,该模式也存在与拉斯韦尔模式相类似的一些问题,即依然把传播视为一个直线的单向过程,缺少反馈环节,也没有传播者和受众之间角色互换情形的研究。

当然,该模式用来描述机械电子通信过程也并无不妥,但不大适合于描述人类传播过程。关于这一点,奥斯古德在1954年就明确提出过。

3. 贝尔罗的线性模式

1964年,贝尔罗根据大众传媒单向性强的特点,提出了与上述两个模式相似的线性模式,即S-M-C-R模式:

来源——信息—通道—受众
贝尔罗的线性模式

该模式同样存在上述两个模式的缺点,在学术界的影响似乎不大。

以上各个模式均可统称为传播的单向模式。

4. 传播总模式

传播总模式是美国的格伯纳在拉斯韦尔的5W模式基础上提出的,该模式涉及传播研究的10个基本领域:

① 某人;

② 对某事物有所感知;

③ 作出相应的反应;

④ 在某种情况下;

⑤ 通过一定的途径或者借助某个工具;

⑥ 获得某些可以加以利用的资料;

⑦ 采取某种形式;

⑧ 在一定的背景和环境中;

⑨ 传递某些内容;

⑩ 获得某种效果。

显然,这是一条包含感知—生产—感知的信息传递链。

传播总模式几乎可以囊括所有的传播过程,无论是人际传播,还是机械、电子传播,甚至人与机械的混合传播,都可以用这个模式加以描述和解释。该模式也说明,在传播过程中所有的信息都始终与外界保持着联系,人类传播是一个开放性的系统,传播是对复杂的信息加以选择和传递的多变的过程,不过,这依然是一个单向的、缺乏反馈环节的模式。

5. 奥斯古德的双行为模式

1954年,奥斯古德从维纳控制论"滤波理论"特别是"控制"与"反馈"所揭示的信息传播的双向性特点等研究成果中受到启发,在香侬数学模式的基础上,提出了传播的双行为模式(见下图)。

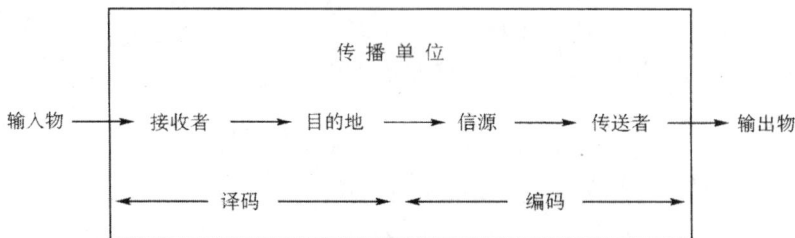

奥斯古德的双行为模式

奥斯古德认为"每一个合适的模式至少要包括两个传播单位,一个是来源单位(说话的人),一个是目的单位(听话的人)。"信息连接着这两个单位。在传播活动中,每个人既是信息的发送者又是接受者,既是编码又是译码,都具有双重行为。

奥斯古德进一步指出,这种双重的互动"既可以是直接的,也可以是间接的。一般在面对面交谈中是直接的,在大众传播(音乐、录音、艺术等)中则是间接的"。

6. 施拉姆的循环模式

在奥斯古德提出双行为模式后不久,施拉姆受奥斯古德的观点启发,在《传播是怎样运行的》一文中提出了循环模式(见下图)。

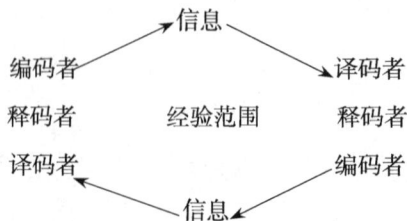

施拉姆的循环模式

循环模式具有以下特点:

第一,该模式已没有明显的传播者和受众的概念,传播双方都是传播行为的主体,没有任何界限,两者信息循环,相互作用;

第二,强调在传播者和受众之间,双方皆拥有共同的经验范围是有效传播的基本前提;

第三,强调社会传播的互动性、循环性和持续性。

上述循环模式较全面地反映了传播的主要过程,在科学性上前进了一大步,但依然存在着以下不足:

第一,该模式把传播双方放在完全对等(平等)、平衡的关系中,并不符合社会生活的实际情况,至少在大众传播时代是不可能出现的;

第二,该模式仅适于人际传播,不适于大众传播过程。

7.德弗勒的互动过程模式

1960年,德弗勒发表《大众传播理论》,在书中他在香侬——韦弗的模式基础上,提出了传播的环形模式(见下图)。

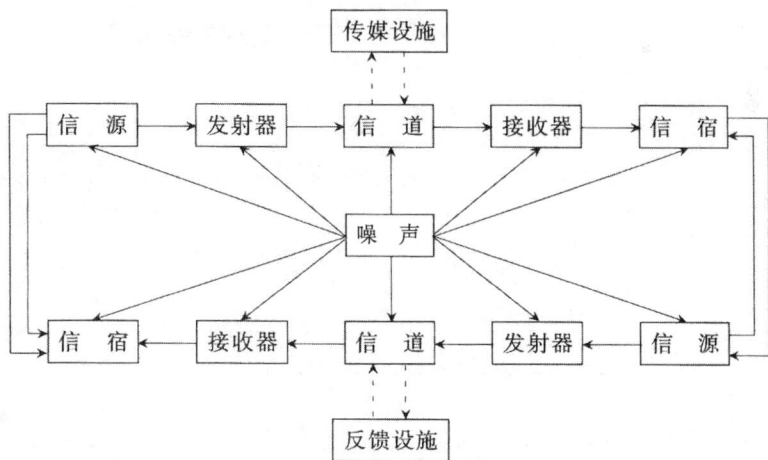

德弗勒的环形模式

对于这个模式,德弗勒是这样解释的:在传播过程中,人们将"含义"转化为"信息",发射器又将信息转化为信号进行传送,接收器收到信号后再还原为信息,信息被接收后又内化为含义。如果发出的信息与接收的信息在含义上是一致的,那就是传播,否则就是没有传播。

该模式实质上也属于循环模式,不仅明确补充了反馈的要素、环节和渠道,使传播过程更符合人类传播互动的特点,而且拓展了噪声的概念,认为噪声对信息、传达和反馈的任何环节或要素都会发生影响,因而具有较为宽广的适用范围。

当然该模式也存在一点缺憾,那就是以一种单纯的、机械的、稳定的状态来描述传播过程,未充分考虑在实际传播过程中的各种外部条件和环境因素的复杂性。

8. 施拉姆的大众传播模式

施拉姆在《传播是怎样运行的》一文中,实际上提出了三个传播模式,第二、三个模式构成了上述的循环模式,第一个模式则是大众传播模式(见下图)。

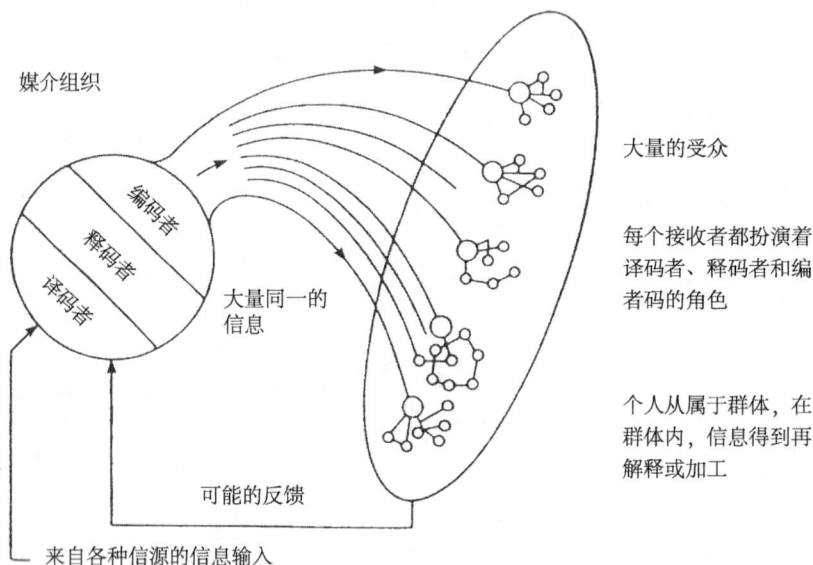

施拉姆的大众传播模式

该模式的基本内容是:

第一,构成传播过程的双方分别是大众传媒和受众,二者间是传达与反馈的关系;

第二,大众传媒(传播者)与一定的信源连接,又通过大量复制的信息与分属于各自社会群体的受众相联系,个人与个人、个人与群体之间都保持着特定的传播关系。

施拉姆的这一模式基本体现了大众传播的特点,一定程度上揭示了社会传播过程相互联结性和交织性,已初步具备系统模式的特点。

以上诸模式均属于双向传播模式。

9. 赖利夫妇的系统模式

赖利夫妇在《大众传播与社会系统》中，提出了以下的系统模式：

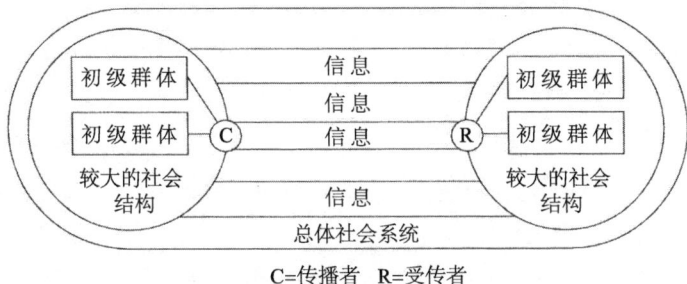

C=传播者　R=受传者

赖利夫妇的系统模式

该模式图说明：

第一，人类任何一种传播过程都表现为一定的系统活动，多重结构是社会传播系统的本质特点；

第二，传、受双方都可被看作一个系统，这些个体系统均存在自身的内在活动，即人内传播；

第三，个体系统间是相互连接的并形成人际传播；

第四，个体系统也不是孤立的，而是分属于不同的群体系统，形成群体传播；

第五，群体系统的运行活动在更大社会结构和总体社会系统中进行，与社会政治、经济、文化、意识形态大环境保持着相互作用；

第六，和其他传播活动一样，大众传播也是其中一种传播系统。

第七，社会传播系统的各种类型既具独立性，又处于普遍联系和相互作用之中，是一个复杂而有机的综合系统。

10. 马莱兹克的系统模式

马莱兹克在其《大众传播心理学》一书中提出的系统模式(见下图)，其基本内容如下。

大众传播是包括社会心理因素在内的各种社会影响力交互作用的"场"，该系统各主要环节都是这些因素或影响力的集结点，包括以下方面：

① 影响和制约传播者的因素(传播者的自我印象、人格结构、同僚群体、社会

环境、受众的自发反馈所产生的约束力、来自信息本身及媒介性质的约束力等);

②影响和制约受众的因素(受众的自我印象、人格结构、群体影响、社会环境、媒介内容的效果、来自媒介的约束力等);影响和制约媒介和信息的因素(传播者对信息内容的选择和加工、受众对媒介内容的接触选择、受众对媒介的印象等)。

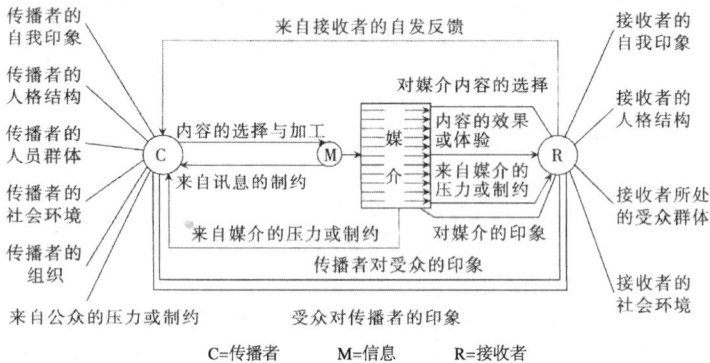

马莱兹克的系统模式

该模式旨在说明,社会传播是一个极其复杂的过程,有很多因素都会影响传播过程。因此评价、解释任何一种传播活动都不能表面化,要全面系统分析各个环节,不能轻易下结论。

11. 罗杰斯与金凯德的辐合模式

1981年由罗杰斯与金凯德所提出的辐合模式(见下图)。

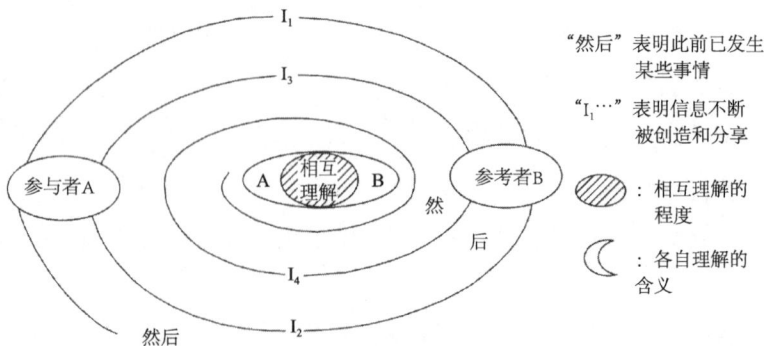

罗杰斯与金凯德的辐合模式

该模式颇具开创性,其基本内容如下:

互动传播是一个循环过程,通过这个过程,参与双方一起创造和分享信息、赋予信息意义,以便相互理解。两者重叠部分是指两人相互理解的程序,辐合指的是二人或更多的人向同一点移动,或一人向他人靠近,并在共同兴趣或焦点下结合的一种倾向。

应该说,辐合模式比较直观地再现了以电脑为媒介的参与者双方创造和分享信息的动态过程和结构形态,有利于人们深入研究信息的流动与演变,是较为完善的一种模式。只是这个模式不太适合虚拟空间传播的研究。

12. 罗杰斯等人的创新扩散模式

创新扩散模式由美国学者罗杰斯于1962年在《创新与扩散》一书中首次提出,并与休梅克共同完善。

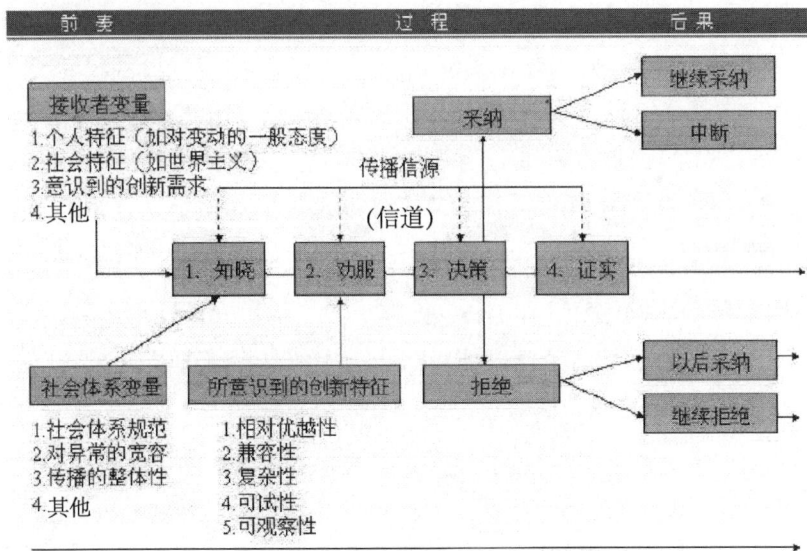

罗杰斯—休梅克的创新扩散模式

罗杰斯认为,所谓创新乃是一种被个人或其他采纳单位视为新颖的观念、事件或事物。而一项创新应具备相对的便利性、兼容性、复杂性、可靠性和可感知性五个要素(后来有学者提出,应加上"熟悉性")。

该模式的基本含义为:社会变化在很大程度上是扩散、采纳创新事物的过程,创新与扩散是一种特殊形式的传播。在此传播过程中,共有五个阶段,即获知、说服、决定、实施和确认。这一模式在实证研究中呈现为S型曲线,无论是个体还是团体性质的决策者,其个性特性(人格特点、社会地位、传播方式等)都会在获知阶段产生重要的影响。此外,决策者对新事物特点(新事物的可靠性、相容性、便利性、复杂性、可感知性等)的认知与理解也会对说服效果产生关键性的影响。

13. 马赛克传播模式

该模式由美国学者贝克尔于1968年提出。其用马赛克来形容传播过程中存在多层面的复杂性和多种信息源。传播行为连接的信息要素不仅有来自直接的社会情况,还包括早期的印象、以前的交流,以及媒介等,这些因素都嵌合在其中。马赛克含有三条主线:

① 某一话题信息的各种可能信源;

② 某一话题的所有可获得的信息片段;

③ 社会系统中所有可能的各种信息。

马赛克传播模式认为,当每位受众在任何特定的时间穿过传播马赛克立方体的时候,他会与某个信息源相遇,并从中获得某一话题的信息,这一信息被展示为与受众的某一观点、反应、判断或行为相关,即传播立方体是动态的。

该模式说明了传播过程多层面的复杂性以及传播的信息立方体之间的互动,很有学术价值和启发意义。

14. 韦斯特里——麦克莱恩的ABX模式

该模式是在纽科姆均衡论模式的基础上经过修改、完善建立起来的(见下图)。

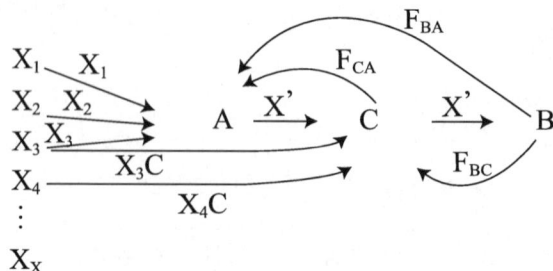

韦斯特里—麦克莱恩的ABX模式

该模式认为,传播者A出于某种目的,希望通过传播改变受众B对传播内容或信息X的态度。在A、B之间还有一个处于核心地位的、中立的、只是想选择与传递信息的大众媒介C。C是B的代理人,要时刻考虑B的需要与利益,如果哪个C不能胜任代理人的角色就被B抛弃,C不仅要从A及现实环境中搜集信息,还要对信息过滤与加工。

这一模式是学术界公认的较为完备的大众传播模式,对于把注意力引向大众传播过程中的一系列重要方面颇具意义。

以上是学术界提出的几种主要的传播模式,从中可以看出:

第一,随着时间的推移,总体上来看,关于传播过程的研究越来越深入和科学;

第二,现代科学理论特别是信息技术的运用对传播模式的研究进展有很大的指导和推动作用;

第三,任何一个传播模式都不能穷尽所有的传播类型,解释所有的传播现象。而且,网络时代的传播已经呈现出一些新的特点,这些都有待传播模式的研究继续深化。近年来有学者提出了阳光模式与整体互动模式,就是一个有益的尝试。

第五章　控制分析

第一节　传播者

传播学研究中,控制分析是一个重要的内容,它包括传播者研究及传播内容研究两个方面,即研究是"谁"和他"说什么"的问题。媒介内容不仅反映传播者的意图、体现受众的偏好,而且更为重要的是,它也是社会基本价值观的体现,所以学术界一般很少孤立地研究媒介内容(即"解码"),而往往把传播者和内容分析联系起来研究,因为这其实是一个问题,就是传播过程中传播内容是由谁在控制。传播者决定了传播活动的存在与发展,传播内容的数量、质量和传播方向,以及传播内容对社会的影响。传播学研究的批判学派最感兴趣的内容就是谁在控制、为什么存在控制这类根本性问题。

一、传播者的类型及其权利义务

根据不同的分类法,传播者可以有多种类型,但总体而言,大致可分为个人与组织两大类。

1. 个人

如前所述,传播的重要特征之一,就是传播是在一定的社会关系中进行的,是社会关系的体现。社会关系也就是传播者所处的社会环境以及自己的身份。任何传播内容、方式和手段都是由传播者所处的环境、地位或角色以及传播目的所决定的。作为社会生活中的个人传播者,其传播活动通常是一种社会化行为,是根据自己的社会角色来进行的。比如父亲对于孩子的教育活动,教师对学生的教学等。在分类上,前者可称为一般传播者,后者则称为专业传播者,其他如媒体机构的编辑、记者、演员、主持人等都属于专业传播者。他们数量众多,有一定的专业素养和专业技能,其传播活动多以分工合作的方式进行。

专业传播者的传播行为虽然有一定的自由度,但终究属于职务行为,因此专业传播者在现实社会中往往是某个阶层、集团或组织代言人。

传播活动既然是特定社会环境中的一种社会行为,因而也就必然受到各方面因素的广泛制约。这些因素既有政治的、经济的、文化的,也有自然的、物质的;既有人类主动发出的行为,也有人类被动承受的某些外在力量。从人类历史上看,谁可以传播,又可以传播什么,从来都不是随意的,而是与社会经济发展水平、政治制度密切相关。不同社会、不同阶级对传播权的理解和运用是不同的,传播权的行使只能在本阶级允许的范围之中。比如在奴隶制社会,广大奴隶就没有什么传播权利;封建社会对传播的限制也很多,"民可使由之,不可使知之""只许州官放火,不许百姓点灯""防民之口甚于防川"就是这种现象的生动写照。只是人类社会进入到了资本主义时代后,个人的自由传播权才逐步得到承认。目前联合国通过的《公民权利和政治权利国际公约》以及《经济、社会及文化权利国际公约》已得到国际社会的普遍承认与遵守,其中涉及的一些内容如公民有言论、出版、集会游行的权利均属于传播权的范畴。专业传播者的专有传播权利也有相应的法律加以保证,例如新闻记者就有采访、报道、批评权,以及人身安全保护权等,他们在西方国家地位较高,甚至被称为"无冕之王"。

尽管如此,我们也应该认识到,传播权毕竟是一个阶级的、历史的、具体的概念,任何传播者个人无法超越历史和现实环境去追求所谓超阶级的"理想的传播权"。权利和义务是对应的,有权利就必然要承担相应的义务和责任。以新闻记者为例,新闻记者必须坚持自己的理念,遵守所在地区的法律法规和风俗习惯,要严格为信息来源保密,对所属的媒体、受众和社会负责等等。

传播者个人要想传播的内容对受众有效,就必须赢得受众的信赖。这就需要其自身具有宽广的知识和专业技能(包括高超的传播技巧),以及敏锐的洞察力和客观公正的立场。有了威信,才能够有吸引力,让受众接受其传播内容。

2. 组织

这里所说的组织,指的是有某种传播目标的专业化的传播机构。这种机构往往是国家、政府或某个集团层面的一种制度化的安排,报社、杂志社、电视台、广播电台等均属于媒介组织。

媒介组织并不是单纯的机构,它们往往身兼数职,既是伸张正义的"社会公器",又是注重营利的企业(文化产业)。其社会影响力十分巨大(美国总统杰弗逊曾说过"宁要一个没有政府的报纸,也不要一个没有报纸的政府"),特定时期甚至可以发出"一言兴邦,一言丧邦"的能量。因此,媒介组织所受到的各种限制往往比个人传播者更多、更为严格。因为传播行为并不是专业传播者的特权,而是全体社会成员的普遍权利,只不过社会授权专业传播者行使传播权罢了。

二、传播者与受众的关系

人类的生存与发展离不开传播,传播活动是普遍存在的。那么我们是不是可以这样认为,传播者与受众的关系应该是一种相互依赖的关系呢?答案远没有如此简单。因为传播者和受众均受制于各自的社会环境、地位或社会角色,他们传播与接受信息的动机与目的未必一致,这就造成实际情形相当复杂。根据邵培仁等人的研究,两者之间大致有以下四种关系:支配关系、疏离关系、圈层关系,以及服务关系。

1. 支配关系

支配的关系就是指传播者根据自己的目标和意图将思想、观点和信息强行灌输给特定受众的传播情景,这种支配关系在政治与经济传播中表现得最为明显,均是以晓以利害为基本手法。

2. 疏离关系

疏离的关系就是指传播者不看重与受众的关系,或者说不在乎受众当前的需求,而仅仅是为了自己的利益或者是长远影响而进行传播。

3. 圈层关系

圈层的关系指的是作为个体的传播者有意把自己的目的与部分受众的需求、兴趣相结合,并将人际传播和群体传播关系引进大众传播的态势。在这层关系中,在基本相同的文化背景和兴趣爱好的前提下,传播者与少数特殊受众(如影迷、歌迷等)通过大众传媒共享信息并进行互动以增进了解和感情。

4. 服务关系

服务的关系简单来说就是传播者把受众看作服务对象,以尽量满足受众的需要为最高原则和终极追求。不过这里面也有一个如何把握好度的问题。不少有识之士指出,媒体绝不能为了迁就受众的不合理要求而提供违法或者有悖社会道德的信息。如果那样做,会对健康的社会风气、合理的社会秩序造成不可估量的损害。因此,有必要对媒介传播的内容进行适当的限制。在传播学研究领域中,围绕着传播者的控制分析一直是一个重要的话题。

第二节　把关人理论

我们知道,每天世界上发生的事情千千万,但并非所有的信息都能被我们接收到。传播者出于各种原因要对信息进行筛选与过滤,不会告知受众全部的信息。这样传播者在传播过程中就涉及对某些信息是如何选择和传递的问题。拉斯韦尔曾指出:"任何一个传递信息的人,都可以从信息输入和信息输出这两个方面受到检验。"罗斯顿更明确地说:"新闻业的整个进程依靠一个词——选择。"施拉姆也认为:"传播中最引人入胜的一点,即信息发出者与接收者双方为在彼此头脑中形成相应的象征符号所进行的大量的信息择取与剔除。"

一、卢因的"把关"概念

虽然传播学界对媒体内容传播控制的关注由来已久,但均未能触及核心并抓住问题的关键,第一次真正对此问题进行研究的是传播学的四大先驱之一的卢因。1947年,他在《人际关系学》杂志上发表的《群体生活的渠道》一文中,首次提到了把关(gatekeeping,又译为"守门")这一概念,他把那些筛选和过滤信息的人称为"把关人"。

卢因认为,心理学家可以像物理学家研究诸如重力作用之类的作用力那样,对形成人类行为的作用力进行量的分析。为此,他提出了自己的"渠道与把关人理论",以此来解释个体何以能够在一个社会群体里造成广泛的社会变动。他发现,在饮食方面,在涉及决定"吃什么"的问题上,家庭主妇扮演着把关人的角色,且有多个环节、关口会影响最终的选择结果。由此他推论:"这种情况不仅存在于食品选择渠道中,且适用于解释新闻如何通过特定传播渠道而在群体中传播,货币如何流通,以及组织机构里个体是如何运作的。如一所大学,可能制定严格的招生方针,可能设立规则不让那些比较差的考生考取该学校。可某个学生一旦被录取,该学校则会在自己的能力范围内尽量帮助该学生完成学业。"

简言之,卢因认为,在群体传播活动中,信息总是沿着包含有"关口"或"门区"

的某些渠道流动,到了"关口"或"门区"后由把关人选择,然后根据某些规定(如群体规范)或者把关人的价值标准,决定让那些被认可的信息继续在渠道内流通,而那些不被认可的信息就被摒弃在门外。

后来,施拉姆用大量的实例对此观点进行了补充说明,他指出在信息网络中到处都设有把关人,而大众媒介是信息在社会流通过程中最主要的把关人,这些把关人包括:

① 记者。他们确定一场法庭审判、一起事故或者一次政治示威中究竟有哪些事应该加以报道。

② 编辑。他们确定通讯社发布的新闻中有哪些应该刊登,哪些应该抛弃。

③ 作家。他们确定有哪些类型的人物和事件值得书写,什么样的人生观、价值观值得反映。

④ 出版公司编辑。他们确定哪些作家的作品应该出版,他们的原稿中有哪些部分应该删除。

⑤ 电视、电影制片人。他们确定摄影机应该指向哪里。

⑥ 影片剪辑。他们在剪辑室内确定影片中应该剪掉和保留哪些内容。

⑦ 图书管理员。他们确定应该买哪些书籍。

⑧ 教员。他们确定应该采用什么样的教科书和教学片。

⑨ 负责汇报的官员。他们确定应该把哪些情况向上级汇报。

⑩ 餐桌旁的丈夫。他们确定当天在办公室里发生的事件中,有哪些应该告诉妻子。

施拉姆所列举的例子充分表明,把关是社会生活中的一个非常普遍的现象,存在于人类传播的各个领域。

二、怀特对把关问题的深入研究

卢因虽然提出了把关理论,可惜他还没有对此问题进行深入研究就去世了。他的学生怀特秉承其老师的遗志,继续对这个问题进行探讨,成为第一位把"渠道与把关人"理论转化为研究课题的传播学家,并取得了重要成就,其研究成果集中体现在1950年发表的《把关人:新闻选择的案例研究》一文中。

输入信息 - 输出信息 = 把关过滤信息

怀特进行的也是实证研究,他首先说服一家小城市报社的某个电讯稿编辑,将他在某年某月的一周内所收集到的来自美联社、合众社和国际新闻社的所有电讯稿集中保存起来,然后又请这位编辑书面给出不采用那些新闻稿的理由。这样,怀特就把那些实际采用的稿件与未被采用的稿件进行比较,结果发现被弃用的新闻稿约占整个新闻稿的90%,真正被采用的只有10%。而且,电讯稿的内容也多以国内外政治新闻和娱乐新闻为主,其他方面内容所占的比例很小。至于为什么会摒弃那些新闻稿,那位电讯编辑给出的理由主要有两点:一是编辑本人觉得不值得刊载;二是有其他稿件要登,没有多余的版面。也就是说,刊载哪些稿件大多数取决于编辑的主观感受。怀特由此得出一个结论:"把关人"的个人价值取向是其作出信息选择的一个重要因素。

怀特的研究表明,面对社会上大量的新闻素材,大众传媒的新闻报道并非"有闻必录",而是一个依据某些标准或偏好不断取舍的过程,最终受众接收到的信息只是其中很少的一部分。

三、韦斯特里—麦克莱恩的大众传播模式

与怀特的看法有所不同,后来的研究者吉伯尔认为,由于编辑"被围困在一大堆机械细节的束缚之中",他的个人价值观无法成为影响其选择稿件的主要因素。在把关过程中,个体主观因素远远不如另外一些因素重要,例如可供选择的新闻数量、新闻项的长短、来自时间的要求与机械生产的压力等。电讯稿编辑从本质上来说是被动的,他的选择过程是机械的。赫西也认为,怀特仅仅看到并夸大了编辑个人的把关行为,而没有考虑到其中所隐藏的一系列左右把关的客观社会因素。只有在不违背传媒组织的报道方针的情况下,记者和编辑个人的价值判断才会对把关产生实际的影响,也就是说,把关过程不是孤立的个人行为,而是一种系统的组织行为。

受上述观点的启发,韦斯特里与麦克莱恩提出了一个新的大众传播模式。这一模式把"把关"是一个组织的活动的观点与纽科姆的ABX共同导向模式结合起来。共同导向是指两人同时以对方和同一物体为导向。纽科姆认为,每个传播行为都涉及对有关某一事物的信息的传递,最简单的模式即A向B传递关于X的信息。韦斯特里与麦克莱恩发展了这一学说,他们增加了一个C作为大众传媒渠道

（起把关作用）。这一模式旨在表明并非所有流动于A、B之间的信息都能确保被传递到B，其中有一些被C（即把关人）挡住了，而B接收到C中转过来的信息后，可能向C和A同时提供信息反馈；在任何一个既定的时间点都有多个A、B和C，一并通过大众传媒而扩散。

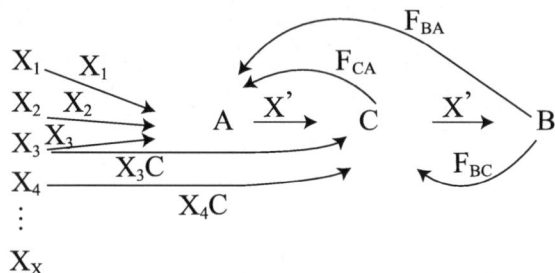

韦斯特里—麦克莱恩的大众传播模式

韦斯特里认为，把关的本质就是新闻判断。

吉伯尔和韦斯特里—麦克莱恩的大众传播模式发展了怀特的理论。两者的最大差别在于怀特认为信息的把关抉择是一个人为操作而不是组织控制的过程，个体抉择既有个体特征与价值观的影响，又受到所在组织的约束。而吉伯尔等人认为，在传播过程中个体的传播者所起的作用并不重要，他们只是传媒机器中被动的、可以互换的齿轮。

四、麦克内利的把关模式

真正对怀特的单一把关理论加以完善的是麦克内利。麦克内利认为，在新闻事件与最终的受众之间存在着各种各样的中间传播者（把关人）。以通讯社为例，把关人从头到尾依次是通讯社的驻外记者（国内记者）、外国分社的编辑（国内分社的编辑）、报社的电讯编辑、总社的编辑、副总编辑、总编辑等。这些人中的每一位都有可能删减乃至重新组织相关报道，他们都承担着新闻稿件的筛选、过滤和加工的职责。麦克内利还举例道："一篇针对国外受众的新闻，势必经历一个典型的阻力过程，包括报道失误或偏见，编辑选择与加工，翻译、传播困难以及可能遭遇的压制或审查监督。"该模式的一个创新点是新闻项是如何进入下一个关口的，它既可能代替已存在的新闻项，也可能与它们并为一体。麦克内利还明确指出，在大众传播过程中，反馈并不经常发生。

五、巴斯的"双重行为模式"

麦克内利等人的大众传播模式并没有区分各个环节把关人的地位和作用,这显然是一个不可忽视的缺陷。鉴于此,巴斯提出了他的"双重行为模式"。他认为,只有在新闻组织机构内部的个体活动才具有意义。个体作为新闻组织机构的代表,行使着为完成机构内新闻流动所必需的职能。鉴于各个新闻把关人的把关功能并不相同,他提出了引发"双重行为内部新闻流动"的两种功能——新闻收集与新闻加工。无论是新闻采集还是新闻加工,都是对新闻素材的取舍过程。这样,巴斯就把怀特对单个新闻加工者的研究拓宽为对明显分为两类的多重把关人的研究。

齐步内尔则认为,巴斯的上述分类方法并不十分科学。新闻"采集者"与"加工者"这两个术语在描述把关过程时也不是很恰当,因为它暗含的意义是,新闻独立于媒介而存在。实际情况并非如此,新闻来自多种原始材料,其中最重要的是消息来自新闻源,而记者在报道新闻时往往极少运用自己的直接体验。他断言:"记者与新闻源的连接是把关抉择最重要的场所。"当新闻到达编辑手中时,已完成了最重要的新闻抉择:

事件已发生,人们已经历,关于事件的描述已针对特定受众写完。该描述已被润色加工,或收藏起来,或转变为"羽翼丰满"的新闻故事。每一阶段都有信息的选择和加工发生。

六、大众传媒的"把关"标准

1965年,盖尔顿和鲁奇发表了题为《国际新闻的结构》的著名论文,该论文不再纠缠于把关的具体过程和程序的分析,而是独辟蹊径,从新闻内容的特点出发来分析把关人选择新闻信息或新闻素材的标准。他们研究得出的结论是所有的新闻把关人都是按照一定的新闻价值观(即选择新闻的标准或依据)来取舍和加工新闻信息或素材的。这些标准主要包括以下几项。

1. 时间性

如果某个事件的发生符合某个媒介的时间表,就容易受到该媒介较多的注意。比如网络新闻就是随时更新的,适合刊载短时间内所发生的新闻。

2. 重要性

事件越是重大,社会影响越深远,越有可能被某个大众传媒甚至多数传媒所重视,比如卫星发射、战争等事件。

3. 明晰性

事件的意义越清楚明了,越适合于被媒介所采用。

4. 接近性

这里的接近性包括两个意思,一是地理接近性,媒介身边发生的事情容易被报道;另一个是文化接近性,即越是接近受众兴趣或文化的事件,越容易被媒体注意。比如有关中国公民在海外的信息,容易被国内媒体所关注。

5. 预期性

符合社会公众既有预期的事件及相关信息更容易被媒体选作新闻。

6. 出乎意料性

不同寻常或者反常的事件最容易成为新闻。美国一位名叫博加特的编辑曾有一句名言:"狗咬人不是新闻,人咬狗才是新闻。"比如,一个孕妇生五胞胎、人长了三只手等这类信息肯定能成为新闻甚至热点。

7. 连续性

被认定有新闻价值的事件,往往会引起人们的持续关注,特别是那些重要的、有一定时间跨度的,或者与人们切身利益相关的事件。

8. 平衡性

这里指的是那些媒体出于新闻内容构成平衡的需要而采用的新闻。

9. 社会文化价值

符合受众或者新闻把关人的文化背景和社会价值观的新闻容易入选。

盖尔顿等人的研究结论对新闻采编有一定的指导意义。后来也有学者提出,负面事件、冲突性事件以及具有人情味的事件容易引起人们的兴趣,也应该是新闻选择的重要标准。

从以上标准可以看出,新闻价值或要素所体现的主要是新闻选择中的业务标准和市场标准。当然,这两个标准到底哪一个所起的作用大,学术界有不同的意见。

坚持业务标准的学者认为,新闻选择属于编辑部的业务而非市场所为,选择新闻是新闻工作者每时每刻的任务。要在激烈竞争的市场环境下,于众多的稿件中迅速作出选择,媒体不可能事先调查受众的需求再做决定。当然这并不是说不考虑受众和市场的需求,而是说,新闻工作者在日常的工作中一般要依靠自己的经验和直觉来决定应该报道什么新闻。1990年,伯克维茨结合内容分析与实地观察,研究某个电视台对地方新闻的选择后发现,新闻工作者并不是按照教科书中的新闻价值观挑选新闻,而是凭直觉、兴趣、重要性以及视觉印象来做决定,尽管这些因素在选择新闻的编前会议上很少提到。此外,各类新闻报道形式的比例和布局要求也会影响新闻选择。

坚持市场标准的学者则强调,对于什么是新闻、哪些新闻有价值,目前并无统一的看法。在这种情况下,由新闻工作者代表每一位受众做选择是根本不可能的。事实上,标准的新闻工作者一般都脱离社区,因而也很难真正代表广大受众去有效地选择新闻。相反,如果通过市场的力量选择新闻,针对性就会好很多。

但不管怎么说,这两个标准是客观存在的,而有了这两个标准,任何大众媒介都无法给受众展现全面而真实的外部世界,受众从新闻媒介所接收到的信息已经不是原来的样子了。

第三节 传播制度与媒介规范

鉴于大众传播具有巨大的社会影响力,所以一切国家和政府都对其有相应的制度安排,也就是说,对大众传播媒介的管理是一个国家社会制度的一个重要组成部分。这种对大众传播的控制,体现为一定形态的传播制度。所谓传播制度,指的是社会制度中对大众传播活动直接或间接起制约和控制作用的部分。传播制度充分体现了全部社会结构和社会关系的复杂性。

传播制度中既包括媒介与政府的关系,也包括媒介与社会群体以及广大受众的关系问题;既包括言论出版的自由与权利问题,也包括言论出版者所应承担的责任和义务问题。实质上是以下两个方面,一个是从外部上控制和影响媒介活动,这种影响是宏观的和具有决定性的;另一个是从媒介内部来控制媒介的运作,这种影响是直接的和明显的。把关人理论所关注的是具体的新闻和信息生产流程,这属于内部的微观层面的内容。在整个国家与社会这个宏观层面上,还有控制传播的一系列深层次的重要因素值得我们深入分析研究。

所谓媒介规范,指的是在特定的社会活动领域中围绕着一定的目标形成的具有普遍意义的、比较稳定和正式的社会制度对大众传播的控制与规范,它包括政治法律制度、经济制度和思想文化制度等。媒介规范包括媒介的内部控制、传播媒介的自我规范、传播政策与传播法规、新闻伦理、客观性原则与平衡性原则、把关人与影响把关人的因素等。

通过以上定义我们可以看出,传播制度与媒介规范在内涵方面大体接近,一般情况下可以通用。

学术界对传播制度研究一般是从以下几个方面着手:① 大众媒介机构的创办者是谁;② 大众传播媒介为了谁的利益;③ 用什么方式来表达观点;④ 大众传播媒介有无新闻自由,以及拥有多大程度上的新闻自由。也就是郭庆光等学者所概括的,传播制度既包括媒介与政府的关系问题,也包括媒介与社会各阶层的关系问题;既包括言论自由与权利问题,也包括言论出版者所应承担的社会责任与义务问题。

一、布里德的潜网理论

布里德是较早研究传播控制的学者,他所发表的《编辑部的社会控制》通过对几十家报社和一百多名记者所做调查的相关材料分析,揭示在美国报社内部存在着影子一样的强大控制,这就是潜网。这种控制旨在防止和排除不符合媒介组织规范的言行的种种干扰,进而保证媒介组织的传播意图能顺利实施。

布里德认为,媒介组织内部的潜网是社会控制的一部分,或者说,传播媒介担负着社会控制的功能。一般而言,任何一个社会的主要问题都是如何有效维护现有秩序和加强凝聚力,特别是维系价值体系的一致性最为关键,因为这是社会能否达成共识、能否协调一致的主要因素。如果这个体系出现问题,必将导致整个意识形态的混乱,人心涣散,后果不堪设想。例如,我们中国现在提倡社会主义核心价值观,其目的也是为了让全国人民达成共识,同心同德,以便稳定社会,集聚人心,共同建设好有中国特色的社会主义。

二、传播制度与媒介控制

根据郭庆光的概括,历史上传播制度对传播媒介的控制主要体现在国家和政府的政治控制,各种利益群体和经济势力对传播媒介的控制,以及广大受众的社会监督控制等,下面分别叙述。

1. 国家和政府对传播的政治控制

国家和政府的政治控制毫无疑问是媒介控制的主要方面。正如克罗图与霍伊利斯在《媒介社会》一书中所指出的那样，所有国家的政府都是在各种程度上，作为一种组织机构来限制或推动媒体的自由活动（或者是能动性）的，这种存在于结构和能动性之间的紧张关系也同样适用于媒体和政治世界。政治控制的目的是通过规定大众传播体制，制定有关法律、法规和政策，来保障媒介活动为国家制度、意识形态以及各种国家目标的实现服务，它主要包括以下几个方面。

（1）规定传媒组织的所有制形式

这是国家和政府对大众媒介进行政治控制的主要内容，也是国家确定传播体制的基本前提。至于采用何种所有制形式则主要取决于国家的政治制度和经济制度。当然社会历史文化以及传媒本身的性质也可以对所有制形式的确立产生重要影响。在西方资本主义国家，政府对报纸、书籍等印刷媒介的控制较为宽松，一般采用私有企业制度；对广播、电视等点播媒介的控制则比较严格。英国和日本的广播电视事业采用以公营为主、私营为辅的制度，德国和部分欧洲国家采用公营和私营的"双轨制"，意大利是公私合营制度，美国实行特许制下的私有企业制度。而所有社会主义国家的大众传播媒介的所有制均为公有制。

（2）对媒介活动进行法制和行政管理

世界各国一般是从法律和行政的角度来实施这种政治控制。其中法制是主要手段，但行政手段也不少。例如，1927年美国就成立了联邦无线电委员会（联邦通信委员会的前身），管理相关媒介机构。

目前世界上实行媒介法制管理的形式主要有两种：一种是制定专门的新闻法或新闻出版法，有的还制定有广播法、电视法、大众传播法等。法国、意大利、德国、瑞典、芬兰、澳大利亚、埃及、印度、泰国、马来西亚、坦桑尼亚、塞内加尔、哥伦比亚、委内瑞拉等国都有专门的新闻法和出版法。

另一种是没有专门的新闻法，而在宪法、刑法、保密法等法律中设有适用于新闻、出版的法律条款，如刑法中的诽谤罪条款等，美、英、日等国家均属于这种情况。美国宪法第1号修正案规定：国会不得制定剥夺言论、出版自由的法律，因此没有制定专门的新闻出版法，而引用其他法律和各种案例来管束新闻出版事业。我国目前也没有制定专门的新闻法。

（3）限制或禁止某些信息内容的传播

受限制的内容主要是指与国家制度或意识形态有关的内容,如国家安全及国防机密、名誉侵权和隐私侵权、淫秽和非法出版物、对公众利益和社会文明风气有害的其他内容。

中国政府制定的《出版管理条例》明确规定,涉及国家安全与社会安定的重大选题必须报国家新闻出版广电总局备案,批准后才可以安排出版。还规定包含有下列内容的出版物不得出版。

① 反对宪法确定的基本原则的;

② 危害国家统一、主权和领土完整的;

③ 泄露国家秘密、危害国家安全或者损害国家荣誉和利益的;

④ 煽动民族仇恨、民族歧视,破坏民族团结,或者侵害民族风俗、习惯的;

⑤ 宣扬邪教、迷信的;

⑥ 扰乱社会秩序,破坏社会稳定的;

⑦ 宣扬淫秽、赌博、暴力或者教唆犯罪的;

⑧ 侮辱或者诽谤他人,侵害他人合法权益的;

⑨ 危害社会公德或者民族优秀文化传统的。

此外还规定,以未成年人为对象的出版物不得含有诱发未成年人模仿违反社会公德的行为和违法犯罪的行为的内容,不得含有恐怖、残酷等妨害未成年人身心健康的内容。

《外国通讯社在中国境内发布新闻信息管理办法》规定,外国通讯社在中国境内发布的新闻信息不得含有下列内容。

① 违反《中华人民共和国宪法》确定的基本原则的;

② 破坏中国国家统一、主权和领土完整的;

③ 危害中国国家安全和国家荣誉、利益的;

④ 违反中国的宗教政策,宣扬邪教、迷信的;

⑤ 煽动民族仇恨、民族歧视,破坏民族团结,侵害民族风俗习惯,伤害民族感情的;

⑥ 散布虚假信息,扰乱中国经济、社会秩序,破坏中国社会稳定的;

⑦ 宣扬淫秽、暴力或者教唆犯罪的;

⑧ 侮辱、诽谤他人，侵害他人合法权益的；

⑨ 危害社会公德或者中华民族优秀文化传统的；

⑩ 中国法律、行政法规禁止的其他内容。

美国也有类似的情形，各种法律和政令中严格限制或禁止传播的内容包括名誉诽谤、侵犯隐私、淫秽色情、泄露国家和国防机密、虚假广告、世界共产主义宣传、外国人在美国的政治宣传等。例如，对臭名昭著的美国之音，美国政府明确规定其不得对美国人民广播。美国虽然号称新闻自由，但事情并非如此，美国政府机构、军方在决定什么是新闻、什么新闻能够报道、什么新闻不能报道上发挥着直接的影响。例如，"9·11"恐怖袭击后，美国国会通过了《爱国者法案》，对美国人的传播自由进行了各种限制。当时美国的司法部长阿什克罗特还专门对质疑的记者解释道，媒体工作人员如果质疑他关于保护国家免遭新的恐怖袭击的决策和策略，就是"协助恐怖分子"以及"给美国的敌人送枪支弹药"。著名的深夜脱口秀节目《政治不正确》因主持人质疑美国在阿富汗的军事行动而被ＡＢＣ电视台放弃，最终该节目被该电视网全面取消。当时的白宫新闻秘书直言不讳地告诉记者，这是"给全美人民的一个警告，他们需要注意自己讲什么和做什么"。海湾战争期间，美国政府和军方对这场战争的信息垄断和控制也是非常严格的，对新闻事件的规定与解释权力达到了空前的地步。他们限制记者到战场前线采访，只允许一家媒体公司即美国有线新闻网（CNN）采集第一手的资料。当时全世界几乎所有关于这场战争的信息和音像资料都是由这家公司提供的。而这家公司的新闻素材的来源则是五角大楼和白宫，即美国军方和政府。世界上大部分国家对海湾发生的事件的理解实际上也来自美国这一个单一的信源。以致有人开玩笑说："海湾战争有三个参与者：布什、萨达姆和CNN。"

（4）对传播事业的发展制定总体规划或实行国家援助

一般来说，任何制度、限制与扶持总是相伴随的。国家和政府对大众媒介的控制也是如此，除了适度的限制，也会有一些鼓励和倾向性支持政策。例如，降低印刷品邮费、对一些成长中的媒介行业实行免税制或津贴制等；十多年前美国政府制定的信息高速公路计划，就有对电信行业的支持政策。

2. 既得利益集团的控制

这一点在资本主义国家体现得最为显著。在资本主义制度下，垄断资本在国内甚至国际上的经济活动中发挥着决定性的作用,他们多数凌驾于所在国家政府的权威之上,不少强大的跨国公司在国际范围内获得了如同其在国内一样的运营权力。公司的政治文化影响力无孔不入,几乎没有一个文化空间可以存在于商业网之外。除了少数经济寡头外,一般社会群体的传播权利是没有保证的。垄断资本主要通过三种方式控制媒体:

① 建立强大的媒介集团,垄断大众传播事业,美国目前就是这样,50家最大的媒介公司控制了绝大部分媒介产业,形成了一个对信息与新闻选择与发布的中央权威。美国新闻界认为,新闻媒介间的锁链董事关系,有可能在媒介内部形成"自觉不自觉的新闻检查"。由于上层人物之间的利益密切相关,报道内容必然会受到限制,有的问题则根本不能问津。报道什么,不报道什么,取决于是否符合最高的意识形态和商业利益。新闻自由正在演变成少数大企业集团对全球主流媒体新闻流通的控制,作为民主保障的媒介手段正在演变成少数商业机构为了追求商业利润而损害全球民主化的手段。从全球范围来看,政府对信息与新闻的霸权正在被少数私营传媒集团的霸权所取代。

② 通过他们在国家议会等机构的代理人提出议案或其他方式来削弱竞争对手,特别是公营媒体传播活动的社会影响,以壮大自己的声势。

③ 通过广告和赞助等方式支持或者打击其他的中小大众媒介,间接控制和影响这些媒介的新闻报道活动,从而实现其不可告人的目的。

3. 受众对传播的社会监督控制

由于受众的利益与大众媒介密切相关,因此受众对媒介的社会监督管理也是顺理成章的。一般国家对受众的这种监督权都给予法律上的保障。这些权利包括受众对媒体的自主选择权、了解有关方面知识情况的知情权、对媒体或者其他人告知自己想法的表达权、对大众传媒的不当言论或者失实报道的反论权、对传媒传播与经营活动的监督权,以及对私人事务进行保密的隐私权等。

一般来说,受众对媒介的社会监督有以下渠道:

① 个人的信息反馈(来信、来电和来访等形式,直接表达对媒介活动的意见、建议等)。这是比较常见的一种监督形式。比如中国大陆媒体一般都设有群众工作部来接待受众。

② 结成受众团体,以群众运作方式对媒介活动施加影响。就是个体的受众联

合组成受众团体,定期或不定期对媒介的经营活动进行分析与评价。日本就有一个十分活跃、颇有影响的名为"大众传播市民会议"的受众团体,他们甚至有自己的期刊《传媒市民》,上面专门刊登有关媒体内容和经营活动的分析评论,对日本媒介组织机构颇具威慑力。

③ 诉诸法律手段。主要是围绕媒体的失实报道或者名誉侵权报道同媒体打官司,使他们付出必要的代价,并在今后规范、合法经营。

④ 通过影响媒介的销售市场来制约媒介活动。大多数大众媒介的经营都是市场化的,发行量和收视率是其生命线。对那些内容格调低下、性质恶劣、虚假宣传与有偿报道较多的媒体,受众可以用行动表示抗议,对他们说"不",拒绝接触这些媒体。

三、几种主要的媒介规范理论

人类历史经历了多个时代,不同时代、不同国家因为文化、观念和制度的不同,对传播活动的控制理念和手法都是不一样的。正如施拉姆所说,任何社会对传播机构的控制都出自社会本身,代表着其信仰和价值观。这些观念主要涉及的问题是如何看待媒介对社会的影响;政府和民众能利用媒介做什么;如何据此设计传播体制最为合理和有效。

传播学界研究此问题由来已久,其中施拉姆等人在1956年所撰写的《报刊的四种理论》是对这一问题研究的经典之作,至今依然有巨大的影响。该书由美国教会自由委员会作为研究大众传播媒介的资料编辑出版后,曾得到美国领导集团的赏识和美国新闻学荣誉学会授予的奖章。该书所用"报刊"一词,是指一切大众传播媒介。其实际研究的内容是大众传播的四种新闻观念及其体制问题。施拉姆认为,世界各国的新闻传播制度与其社会政治制度是一脉相承的,基本上可以分为四种,即威权主义理论、自由主义理论、社会责任理论、苏联的共产主义理论。后来英国学者麦奎尔把历史上各种有关媒介规范的理论归纳为六种类型,即威权主义理论(君主独裁式)、自由主义理论(自由竞争式)、社会责任理论(自我约束式)、苏联的共产主义理论(国家统管制)、民主参与理论(平等参与式)以及发展中国家媒介理论。

1. 威权主义媒介规范理论

所谓威权主义,也称为权威主义或者极权主义,这是一种认知态度和思维方式,对社会事物进行评价和判断时,不是从事物本身的内在价值考虑,而是从与外部权力或权威的关系上考虑问题。

威权主义的媒介规范理论是人类传播史上第一种也是最古老的一种传播制度理论。它产生于欧洲封建专制主义时期,所针对的也是早期新闻业的情形。这一理论的最大特点是强调统治精英或权威人士对媒介的绝对控制权,认为媒介必须一切以权力的意志为转移,一切都必须为统治者服务。为了维护国家安全和社会秩序,君主有权对信息的流通、新闻的传播、言论的扩散进行绝对的控制,并且这种控制权是神圣的、正当的。该理论以马基尔维利、霍布斯、黑格尔为代表,马基尔维利在所著《君主论》中声称:"国家安全高于一切,为保卫国家安全、维护国家利益,就必须严格制约自由讨论和信息的传播。"霍布斯认为,人性本恶,在自然状态下,人际关系处于战争状态。为了维护社会秩序,人必须经过社会契约进入政治组合,必须服从绝对无限的主权。主权占有者应当使用强权统治国家,只有以武力威胁为后盾的统治才是可靠的,民主政治将导致混乱。他主张对公众的言论在内容和时间上均须严格审核,书刊出版必须事先进行检查。黑格尔认为,国家是理智本身,是个人意志的集中体现,是绝对的统一体,拥有对个别公民的最大权力。个人唯有在国家意志的传播中才是幸福、自由的。

威权主义媒介理论的主要观点包括:

① 报刊是国家的公刊,必须对当权者负责,维护国王和专制国家的利益。

② 只有大众媒介统一步调,国家才能顺利地为公众的利益服务。在某些情况下(如在交战状态的国家里,军人统治下),集权原则甚至体现人民的意志。

③ 报刊必须绝对服从于权力或者权威,不得批判占统治地位的道德和政治价值。

④ 政府有权对出版物进行事先合法的检查。

⑤ 对当权者或当局制度的批判属于犯罪行为,应给予严厉的法律制裁。比如给予那些经过选择的驯顺的人以经营报刊的权利,实行颁发出版许可证制度,法院对违法(如叛乱、煽动、诽谤)者提起公诉和处罚等。

目前这一理论已被绝大多数国家所抛弃。

2. 自由主义媒介规范理论

自由主义媒介规范理论也称报刊的自由主义理论,形成于17、18世纪资产阶级革命时期,是在同封建极权主义制度及其规范理论的斗争中成熟起来的。代表人物有弥尔顿、米尔、孟德斯鸠、卢梭、杰弗逊等。

弥尔顿在《论出版自由》中提出:

书籍并不是绝对死的东西。它包藏着一种生命的潜力,和作者一样活跃。不仅如此,它还像一个宝瓶,把创作者活生生的智慧中最纯净的菁华保存下来。我知道它们是非常活跃的,而且繁殖力也是极强的,就像神话中的龙齿一样。当它们被撒在各处以后,就可能长出武士来。但是,从另一方面来说,如果不特别小心的话,误杀好人和误禁好书就会同样容易。杀人只是杀死了一个理性的动物,破坏了一个上帝的像,而禁止好书则是扼杀了理性本身,破坏了瞳仁中的上帝圣像。

只要心灵纯洁,知识是不可能使人腐化的。书籍就像酒和肉一样,有些是好的,有些是坏的。至于选择问题就随个人判断了。对坏的胃口来说,好肉也和坏肉一样有损害。最好的书在一个愚顽的人心中也并非不能用来作恶……(坏的书籍)它对一个谨慎而明智的人来说,在很多方面都可以帮助他善于发现、驳斥、预防和解释。

因此他认为报刊应该是"观点的自由市场",不管观点是正确的还是错误的,都应该让它在报刊上出现,供大家自由讨论。在一定时代的讨论中错误有可能压倒真理,但真理在历史长河中不断吸取力量,最终打倒谬误而重现真理的光彩。必须反对多数人的暴力。多数人有可能压制少数人的不同意见、不同观点,这也是一种暴力。

米尔在《论自由》中指出:

(控制发表意见)这个权力本身就是不合法的。最好的政府并不比最坏的政府有资格来运用它,迎合公众的意见来使用它比违反公众的意见来使用它同样有害,或者是更加有害。

我们永远不能确信我们所力图窒闭的意见是一个谬误的意见;即使我们确信,要窒息封闭它仍然是一个罪恶。

若有什么意见被迫缄默下去,据我们所能确知,那个意见却可能是正确的。否认这一点，就是假定了我们自己的不可能错误性。

纵使被迫缄默的意见是一个错误，它也可能，而且通常总是含有部分真理，而另一方面，任何论题上的普遍意见亦即得势意见也难得是或者从不是全部真理。既然如此，我们只有借敌对意见的冲突才能使所遗真理有机会得到补足。

即使公认的意见不仅是真理而且是全部真理，若不容它去遭受而且实际遭受到猛烈而认真的争议，那么接受者多数之抱持这个意见就像抱持一个偏见那样，对于它的理性就很少领会或感认。

教义的意义本身也会有丧失或减弱并且失去其对品性行为的重大作用的危险，因为教条已变成仅仅在形式上宣称的东西，对于致善是无效力的，它妨碍着去寻求根据，并且还阻挡着任何真实的、有感于衷的信念从理性或亲身经验中生长出来。

孟德斯鸠指出：绝对地服从意味着服从者是愚蠢的，连发出命令的人也是愚蠢的。因为它无需思想、怀疑和推理，只要表示一下自己的意愿就够了。

卢梭则提出主权在民，要尊重公意。而舆论是刻在大历史和公民内心的法律，任何强权都必须尊重舆论(即公意)的意志和人民的自由意愿，否则就无法维持其合法的存在。

杰弗逊认为，世界上每个政府都有人类的弱点和腐化堕落的某种胚芽，为了防止政府的蜕化，就必须由人民来监督。他还指出，没有监察官就没有政府，但是，哪里有新闻出版自由，哪里就可以不需要监察官。他断言，离开了对新闻自由的保障，就无其他自由的保障可言。当公众舆论允许自由表达时，其力量是不可抗拒的。

自由主义媒介规范理论的最大特点是绝对的不控制。其核心观点是：报刊应该是"观点的自由市场"，是实行自律的自由企业。坚决反对对新闻活动实施任何形式的限制，倡导让新闻媒介随意报道任何事实，不受任何干预，畅所欲言，自由行事，为社会新闻受众提供尽可能广阔的选择空间和判断余地，从而使他们能够得出尽可能真切的结论。

这一理论的主要内容为：

① 个人权益高于一切，所谓国家归根结底应用来保护个人权益。而个人权益中最重要的就是言论自由这个"第一权利"，任何人都拥有出版自由而不必经过当局的特别许可。

②除人身攻击外，报刊有权批评政府和官吏，这种批评是正当合法的，任何人都不能加以任何形式的限制。

③新闻出版不应接受第三者的事先检查，出版内容不能受任何强制。

④之所以允许人们有言论自由，是因为人是具有理性的动物，拥有判断正误的能力。在涉及观点、意见和信念的问题上，真理和"谬误"的传播必须同样得到保证。真理只有在各种意见展开"自由而公正"的竞争中才能产生，才能发展。

自由主义理论在现代也有发展。同施拉姆一样，持这一理论者对苏联的共产主义媒介规范持批评、攻击的态度，认为苏联没有新闻自由，其新闻媒介不能独立报道新闻，更不能监督政府工作，而只是苏共对其民众进行思想和组织控制的工具。

3. 社会责任理论

这一理论出现在20世纪40年代。它并不是一个独立的理论，而是传统自由主义理论的演变，或者说是威权主义理论与自由主义理论的结合体。其出现背景一是三十年代后资本主义社会传媒垄断程度的不断加强，出版自由原则遭到挑战；二是部分媒体在自由报道的借口下滥用新闻自由，这必然会损害社会其他权利主体的利益。这就需要一种新的媒体理论来指导大众媒体活动，该理论试图回答以下几个问题：

①媒体是否应该不只是散布一些能使其在最短时间内获得最大赢利的内容，而是做更多的事情？

②即使没有即刻的利润，媒体是否仍应该提供一些重要的公共服务？

③媒体是否应该参与到对社会问题的识别和解决中去？

④是否有必要或应该建议媒体作为"看门狗"，保护消费者不受商业欺诈和腐败官僚的侵害？

以上因素导致美国"新闻自由委员会"于1947年发表了《自由与负责的报刊》。该报告首先提出了新闻自由面临危机的问题，并指出其主要原因在于缺少责任的约束。该报告与霍京的《新闻自由：原则纲要》表达了关于大众传媒的社会责任理论的主要观点，后来由麦奎尔在1987年进行了归纳，主要观点包括以下方面：

①大众传播具有很强公共性，因此除了对雇主负责外，也必须对社会和公众承担和履行特定的责任和义务，不辜负公众的信任。

② 媒介从整体而言应该是多元主义的,其新闻报道和信息传播要供给真实的、概括的、明智的关于当天事件的记述,它要能说明事件的意义,要能描绘出真实的社会各个成员集团的典型图画,反映社会的多样性。它应当成为"一个交换评论和批评的论坛",即用不同的观点表达和回应的渠道。

③ 新闻报道应符合真实性、正确性、客观性、公正性和平衡性等专业标准。

④ 媒介须在现存法律和制度的范围内自我约束,遵循公认的道德准则和职业标准,不会为金钱而去做某些事,不能煽动社会犯罪(内乱)或传播宗教、种族歧视和冒犯少数群体的内容。

⑤ 要负责介绍和阐明社会的目标和美德,切实关注广大公众的利益和国家利益。

⑥ 人类理性和道德感是值得部分怀疑的,人不可能绝对地或天生地有一种动力去寻求真理。大众媒体的社会责任就是激励人们运用自己的理性,从而追求自由。

⑦ 受众有权要求大众传播媒介从事高质量、高品位的传播活动,这种干预是正当合理的。

施拉姆虽然不赞成轻易鼓励政府管制媒体,但他也感觉到了自由放任的媒体管理体制所带来问题的严重性:

大众传播事业现已自己失控:它只为某一政治主子服务;它正与意见自由市场相悖离;它遭到独占,被某一个"大"的观念所侵害,对少数人的需求毫不关心。这些人的看法,与政府官员所存有的不谋而合。

社会责任论者认为,放任资本对媒体的"自我控制",实际上等于不控制:

美国的社会制度对控制媒介的态度是,实行最低限度的政治控制和政府控制,容许大量的经济控制,经济控制是通过私有制达成的。

社会责任理论强调在自由的基础上重建对媒体的控制。显然,这种观点是对自由主义理论的修正,这主要表现在两个方面:① 新闻自由是有条件的,应该同时承担道德责任或义务,要坚持自己的良心,不能损害他人的权利和利益,否则就是滥用新闻自由;② 新闻自由应该追求积极的自由,即负责任的自由,扩大和发展新闻自由的权利。

社会责任理论提出的目的是防止传媒垄断引发社会矛盾的激化及传媒内容的庸俗化导致社会道德和文化堕落。但不幸的是，在新闻传播实践中该理论影响甚微，原因之一就是对于什么是媒体的责任有不小的分歧，原因之二则是社会责任论者所追求的乃是一种道德的正义理论，在缺乏现实基础的情况下，它并不具有强制性。一旦触及以利为本的传播体制，就显得苍白无力。因为在私有制社会的自由竞争环境下，一方面自由的媒介必须在经济上稳定；另一方面，其基本目标是维护"思想的自由市场"，这是整个媒介体制赖以生存的根基。

具体而言，什么是社会责任，是经济责任还是道义责任，并无统一的说法。即使有，怎样做才算是负责任，又怎么负这个责任？在实践中很难操作。因为社会责任与资本主义社会随追求的目标是相互矛盾的，在这种情况下，新闻媒介很难为了社会责任而放弃或者减少对利润的追求，也就是说，他们不可能真正做到自律。

施拉姆也觉得很难处理好这个问题。他退而求其次，开了一个奇特的"药方"，试图以此来治理西方媒体的自由放任问题，不过这个处方仅仅是针对受众的。

大众对传播事业还有一项特殊的责任，他们应该学习如何来运用媒体。宗教节目没有理由在技术水准上低于娱乐节目。教育节目也没有理由在技术水准上低于娱乐节目。

应由更多的非专业大众来学习传播技术，以使媒体求取最佳的运用。

同时他又要求大众运用一切可能性，使自己成为机警而又有鉴别能力的大众。他的理由如下：

大众传播事业的责任问题，乃是媒体、政府与大众三种力量间的微妙平衡关系。承担传播方面所必须完成的主要责任在于媒体，基本义务则属于公众。大众有责任把他们自己变成积极而又有识别能力的阅听人，把他们的需要告诉媒体，并帮助媒体来满足这些需要。换言之，他们是形成社会所需的那种传播制度的合伙人。如果公众参与得少，政府与媒体就会填补这个空隙，我们期望理想的结果就更加困难。

总之，在现存的资本主义体制下，依靠大众媒介自己来解决社会责任问题基本没有可能。

4. 社会主义国家媒介规范理论

最早对社会主义媒介规范做出研究的是施拉姆。在《报刊的四种理论》中,施拉姆认为,苏联大众传播媒介与组织传播媒介是不可分割的。大众传播媒介是政党实现统一、发布"指示"的工具;绝对的自由是不可能的;大众传播媒介几乎是专用于宣传和鼓动;传播者被强制性地要求承担严格的宣传责任;他们由国家经营和控制;传播者的自由和责任也不可分地连在一起。麦奎尔则认为,苏联的共产主义媒介规范理论虽然并不赞成自由表达,但它也有积极的一面,比如,建议大众传媒在社会上和在世界上发挥积极作用,非常重视文化和资讯,重视经济和社会发展的任务等。

社会主义国家媒介规范理论的主要观点是:

① 所有新闻传播媒介都是国家的公有财产,并由国家依法创办和管理,不允许私人创办或控制新闻媒介。

② 传播媒介是党和政府的喉舌,必须无条件地接受党在思想和组织上的领导,要坚持党性原则,走群众路线,倾听群众呼声。

③ 媒介必须按照社会主义价值体系来传播信息,坚持真实性、高品位、高质量的原则,积极宣传、动员、组织和教育群众。

④ 新闻媒介必须在宪法和法律范围内活动,严禁传播反党反社会主义和内容格调低下的内容。

⑤ 媒介要为社会主义经济建设服务,不断满足广大群众的愿望与需求。

⑥ 国家有权监督和管理出版物,取缔反社会的传播内容。

5. 民主（受众）参与理论

该理论是在20世纪70年代后期,在社会信息化不断发展,媒介垄断程度达到新高度,民众要求自主利用媒介的意识日益提高而现实中缺乏可资利用的传播资源的背景下出现的。该理论的代表作是巴隆的《媒介接近权:为了谁的出版自由》以及巴格迪坎的《传播媒介的垄断》。主要观点包括:

① 知晓权、传播权、对媒介的接近和使用权、接受媒介服务权是全体公民的天然权利,法律应给予有效的保障。

② 媒介应该为广大受众服务,而不应该仅为广告主、宣传家存在。

③ 媒介不应该被少数人或阶层所垄断,社会各界都应有自己的媒介。

④ 合乎社会理想的媒介应该是小规模的、双向互动性的,并且能够让受众参与的。

总之,该理论提倡大众传媒应向一般民众开放,允许民众个人和群体的自主参与。后来该理论在一些国家有过这方面的实践。但因毕竟不属于官方或者主流的观点,其规模和影响都相当有限。

6. 发展中国家媒介规范理论

发展中国家的媒介理论是与其国情和历史文化传统密不可分的。在经济文化落后、政局动荡不安的背景下,其传媒规范很自然地偏向于强有力的政府管理模式。麦奎尔概括的发展中国家的媒介规范理论的主要内容包括:

① 大众传播活动必须与国家政策保持同一轨道,以推动国家发展为基本任务;

② 媒介的自由伴随着相应的责任,这种自由必须在经济优先的原则和满足社会需求的原则下接受一定限制;

③ 在传播内容上,要优先传播本国文化,优先使用本民族语言;

④ 在新闻和信息的交流合作领域,应优先发展与地理、政治和文化比较接近的其他发展中国家的合作关系;

⑤ 在事关国家发展和社会稳定的利害问题上,国家有权对传播媒介进行检查、干预、限制乃至实行直接管制。

当然,上述各个媒介规范理论所描述的实际上是一种理想模式。严格说来,在现实世界中根本找不出一个实例来印证其中的任何一个规范理论。例如,同属秉承"自由主义报刊理论"的美国和法国,其媒介体制在实际构成和运行上差异很大,不同社会主义国家之间也是如此。

四、批判学派的控制观

以上是世界主要的媒介规范理论,基本上是根据施拉姆的《报刊的四种理论》的基本思路来划分的。但这种划分并不被批判学派所认同。如前所述,批判学派研究的重点在于传播体制,强调传播与控制的关系研究。以下是有代表性的观点。

1. 阿特休尔《权势的媒介》

20世纪80年代,批判学派的代表人物、美国学者阿特休尔出版《权势的媒介》一书,批评施拉姆等人的上述划分法,认为他们是带着特定的"框架"看待媒介理论的,无助于人们正确地认识问题。

阿特休尔认为,新闻工作者都具有一定的政治倾向,并不能完全做到客观、公正、自由地报道新闻。

正如亚里斯多德很久以前所云:人生来就是政治动物。因为他生活在社会之中,生长于社会制度之外的人就不是一个完全意义上的人。单就新闻工作者是具有人性美德这一点而言,他也免不了是一个政治动物。除此之外,当新闻工作者进行工作时,他所享有的政治地位是一般男女无法具有的。新闻工作者笔下的每字每句都与他们身处的社会和政治制度相联系。偏袒某一政治观点显然具有政治性,保持中立同样具有政治性,因为如果他不反对现状,那就表明他心照不宣地拥护现状。现存的一切可能根本就不存在什么公正。要么你表示支持,成为一名政治上的拥护者;要么你表示反对而成为一名政治上的反对派,而保持中立,无异于赞同现状。资本主义国家中的新闻媒介忽视了这一条基本的真理,美国尤其如此。

进而他尖锐地指出,所有的新闻媒介,无论是过去的还是现在的,都不是独立的、自由的,也看不到他们独立的前景。他们其实都是掌握着政治和经济权力的代言人或喉舌,是为他们的利益服务的。

在官方形式中,报刊、电视广播的内容是由规定、条例和法令决定的。有些新闻媒介可能本身就是国营企业,有些可能受政府规定支配,还有些可能被一整套限制措施所操纵。没有哪个国家能够摆脱官方控制,所不同的只是来自准许范围内的自治程度的差异。在商业形式中,新闻媒介内容反映广告商及其商业伙伴的思想观点,这些人常常本身就是新闻媒介的所有者和出版商,甚至在计划经济中,一些商业影响仍然有所表现(尽管这种影响只是通过间接的途径产生)。在利益关系形式里,新闻媒介的内容反映金融企业,或政党,或宗教团体、或追求特殊目标的其他各类组织的利益。在非正式形式中,新闻媒介的内容则以反映亲朋好友的利益为目的,他们或直接提供资金,或者运用他们的影响来确保人们能聆听到吹笛手演奏的乐曲。

其实,施拉姆也承认:

每个国家都允诺本国人民享有表达思想的自由,然而各国都管控自己的媒体,只是程度不同而已,正如管控一切社会机构一样。

施拉姆分析其原因是不同的社会对自由所下的定义不一样：

美国关心的是政治自由，即不受政府约束的自由。

苏联关心的是不受经济控制和阶级压迫的自由，以及在思想体制范围之内的自由。

苏联领导人说，美国的媒介不自由，他们想到的理由是：这些媒介是资本家占有的。

美国领导人说，苏联的媒介不自由，他们考虑的是：这些媒介受文化部长的领导，受党政机构的监督。

美国会说，他的媒介相互竞争、争夺受众、追求利润，不受政府干预；

苏联会说，他的媒介在人民代表的指导下为人民服务，不受资产阶级偏见的影响，因而是自由的。

有别于施拉姆等人的做法，阿特休尔把世界各国的大众媒介划分为三种体系，即西方媒介体系、东方媒介体系和南方媒介体系。

①西方媒介体系。即资本主义市场经济世界的媒介体系。在这个体系中，新闻媒介不受制于任何权力，新闻自由，媒介客观公正地报道世界，支持现存的社会制度，又行使监督政府的职责。

②东方媒介体系。即马克思主义世界媒介体系。在此体系中，新闻媒介主要起着教育人民以维护现存社会制度的政治作用，经常教育人民并在重大问题上统一人民的思想，媒介客观地报道世界的变化，认为新闻自由是全体人民自由发表意见的自由。

③南方媒介体系。这是发展中国家的媒介体系。其最大特点是公开、直接地把新闻媒介当作教育的工具。新闻媒介既可以用来维护社会制度，又可以用来改造社会制度。该体系对新闻自由的看法是，新闻自由是新闻传播的心灵自由，其重要意义仅次于国家存亡，需要国家强有力的新闻政策加以保障。

阿特休尔指出：

有一点十分明显，不管新闻媒介出于何种政治、经济或社会制度之下，其任务均是打着社会责任的旗号追求真理。这一追求是使用新闻媒介的人民通过被告知或受教育的途径来进行的。以上这些根本方面到处都是一致的。但问题是，这些词语是在不同地点,以不同方式,以及同一地点的不同人进行定义的。

为此,阿特休尔绘制了下面这样一个表格来显示三种体系的根本区别。

关于新闻事业的目的

市场经济世界	马克思主义世界	进步中的世界
追求真理	寻求真理	服务于真理
尽社会责任	尽社会责任	尽社会责任
以非政治方式进行告知(或教育)	(以政治方式)教育人民并争取盟友	(以政治方式)进行教育
公正地为人民服务,并拥护资本主义学说	通过要求拥护社会主义学说而为人民服务	通过需求与政府合作为人民服务,为各种有益的目的进行变革
作为监督政府的工具	统一观点,改变行为	作为争取和平的工具

2. 阿尔都塞的意识形态实践观

阿尔都塞认为,所有的知识都是由语言构成的,但语言都是有意识形态的。真理本就是语言的产物。在同一个社会里,任何时候都会有不同的意识形态话语。最重要的是考察其是如何创造、使用并制度化的。这一过程不仅是知识和话语的范畴,也是权力争夺的范畴。在任何交流传播中,人都是被某种话语体系、语言系统和符号系统来"称谓"的,这些称谓把谈话的对象定位在一种社会关系中。承认称谓就是承认一种社会关系,同时也参与了一种社会和意识形态的构建。这种内在运作的控制,广泛存在于社会各阶层的生活方式和思维方式中。

3. 批判学派的主要观点

在传播规范的研究方面,批判学派从社会制度和现实入手,重点探究在资本主义社会里、谁在控制传播以及为何控制传播等实质性问题,并从以下三个方面进行了深入分析。政治上,批判学派确认在资本主义社会所有传播主体既受官方意识形态的制约,同时也是维护官方意识形态的有力工具;经济上,批判学派认为资本主义所有传媒已被强大的资本集团所垄断并为其利益服务;文化上,批判学派认为资本主义社会的大众传媒已成为对人的精神奴役和全面控制的国家机器。其主要观点可以分为以下四个方面：

① 大众媒介是社会意识形态斗争的重要一环，它越来越集中于垄断资本的手中并为其服务。

② 大众传播媒介中的专业工作者沉浸在"自治"幻想中的同时，不断接受占统治地位的思想以及价值规范的影响，有着越来越被其同化的倾向。

③ 大众传播媒介在总体上是统治阶级利益和统治阶级思想文化中的中继传播站。

④ 在资本主义传播制度下，大众传播媒介的受众尽管时时想改变不合理的现状，却无法拥有自己的传播工具来宣传自己的主张并与占统治地位的思想文化相对抗。

克罗图也指出，现代社会大部分的流行媒介以一种潜移默化的，甚至对立的方式和视角来支持我们的主要社会活动，保证社会机构的合法化而边缘化那些所谓的"非主流"观点和行为。

第六章　媒介分析

所谓媒介,其含义是指使事物之间发生关系的介质或工具。由于人类要生存与发展,就不能不传播,这样就不断地把意义赋予他们所生活的文化和自然环境,因此世界上任何事物、事件和行为都可以视为传播媒介,媒介即万物,万物皆媒介,这是广义的媒介。这里我们主要分析狭义的媒介,即是指承载并传递信息的物理形式,包括物质实体和物理能。前者如文字、各种印刷品、记号、有象征意义的物体、信息传播器材等;后者如声波、光、电波等。大众传播媒介一般指的是复制、传递信息的机械、电子设备和传播组织、团体及其出版物和影视、广播节目等。

众所周知,大众传播是一个由媒介组织向受众提供和传播信息,由受众选择、使用、理解和影响信息的过程。媒介组织发送影响和反映社会文化的信息,同时使媒介成为塑造社会制度力量的一部分,因此,作为符号载体的媒介一直是传播学研究的关键内容之一。有学者归纳了媒介研究的几大议题,即媒介内容与结构、媒介与社会的联系、媒介与受众的联系、媒介的文化结果以及个人结果。这些议题又可以分为两大方面,即微观与宏观。从微观方面来看,主要研究媒体对个人和群体的影响,即大众传播是如何发生的,接触大众传媒对人们有何作用;从宏观方面来看,则主要研究媒体如何融入社会,以及社会结构与媒体之间是如何相互影响的。由于这些内容有不少属于本书前面"控制分析"的范畴,本章仅略加提及,而把重点放在介绍其他有关的媒介理论。

第一节　大众传播媒介的种类及其特点

自从报纸出现以来,人类根据经济与社会发展的需要,以其技术能力不断开发出新的媒介类型。杂志、广播、电影、电视、互联网相继出现,极大地丰富了人们的视听生活。媒介对于人类的作用十分巨大,麦奎尔对媒介在人类生活中的角色有如下精准的描述：

媒介是使我们看到身外世界的窗口；

是帮助我们领悟经历的解说员；

是传送信息的站台或货车；

是包括观众反馈的相互作用传播；

是给予指示和方向的路标；

是去伪存真的过滤器；

是使我们正视自己的明镜；

是阻止真理的障碍。

下面我们对几种有代表性的大众传播媒介进行深入分析。

一、报纸

报纸是以刊载新闻和时事评论为主的定期向公众发行的印刷出版物。报纸的出现与造纸和印刷术的发明密切相关。印刷术的发明使文献复制变得促进了文化思想的广泛传播，思想的传播又推动了哲学与科技的变革，乃至社会制度的变革，人类文明进入了一个新的纪元。而这又反过来推动了印刷业的发展，19世纪后，随着欧洲、北美社会生产的工业化、生活的城市化、教育的普及化，以及社会的民主化，大众类报纸出现了。新闻学最早称为报学，即源于此。报刊业出现了空前繁荣的局面。自此以后，报纸成为报道新闻、传播知识、提供娱乐的产业，成为人类了解时事、接受信息最主要的新闻媒介，甚至成为日常生活中的一部分，如今报纸的品种越来越多，内容越来越丰富，版式更灵活，印刷更精美，影响力依然巨大。报纸的特点主要有以下方面。

1. 价格低，发行量大，信息传播速度较快

一般的日报或晚报的发行数量都有几十万份，有的甚至达到百万份。其出版周期只有一天时间，信息传递较为及时。有些报纸甚至一天要出早、中、晚等好几个版，报道新闻速度就更快了。

2. 信息量大，可以反复深入阅读

报纸作为综合性内容的媒介，以文字符号为主，图片为辅来传递信息，版面多，容量较大，阅读起来也不受地点和时间的限制，十分方便。一些人在阅读报纸的过

程中还养成了剪报的习惯,收集、剪裁相关信息以备用。

3. 容易保存和运输

相对于其他媒体,报纸因其特殊的材质及规格而具有较好的保存性,携带十分方便。这样,无形中又强化了报纸信息的保存性及重复阅读率。

4. 阅读的主动性

读者可以自由地选择阅读报纸的哪些部分;读者也可以决定自己对报纸的认知程度,如仅有一点印象即可,还是将信息记住、记牢;记住某些内容,还是记住全部内容;还可以在必要时将所需要的内容记录下来。

5. 较强的权威性

报纸都是由专业的媒体组织即报社创办的,编辑质量有相当保证,而且一般都有较长的历史和社会认可度与信誉度,其信息来源往往比较可靠。

相对而言,报纸也有缺点:

1. 信息量过大,容易导致读者走马观花,很难注意到重要的信息,相应地传播效果就会打折扣。

2. 限于条件,报纸的表现形式较为单一,传播效果不如专业杂志、直邮广告、招贴海报等媒体那样直接和即时,多数情况下视听效果也不如电视。

二、期刊

所谓期刊,是指有固定名称,用卷、期或年、月顺序编号,成册的连续出版物。是杂志的一种(杂志是有固定刊名,以期、卷、号或年、月为序,定期或不定期连续出版的印刷物)。杂志形成于欧洲早期资本主义社会时期,最初的表现形式是在工人罢工、学生罢课或战争中出现的一种宣传小册子。这种注重时效类似于报纸的新媒体,因为兼顾了更加详尽的评论而广受社会各界的欢迎。最早出版的杂志是于1665年1月在阿姆斯特丹由法国人萨罗出版的《学者杂志》,后来的杂志一般都以期刊形式出现。

期刊的特点一般有:

① 出版周期比图书短,比报纸长,有一定的时效性。

② 期刊反映现实的时效性不如报纸,但在深度上超过报纸。杂志适合刊载时效性不那么强的调查性报道、学术文章。

③ 期刊的内容较稳定,讨论的问题较深入,因而保存价值较高,易于保存和查阅。

报纸与期刊都属于印刷媒介,具有可以大量复制、信息丰富、能自由使用、适应读者面广、较受欢迎等优势,近些年虽受到电子媒介的强力冲击,但依然不可替代。

三、广播

广播是通过无线电波或导线传送声音的新闻传播工具,是多点投递的最普遍的形式,它向每一个目的站投递一个分组的拷贝。既可以通过多个单次分组的投递完成,也可以通过单独连接来传递分组的拷贝,直到每个接收方均收到一个拷贝为止。广播一般分为两种,通过无线电波传送节目的称无线广播,通过导线传送节目的称有线广播。

1906年圣诞节前夜,美国的费森登和亚历山德逊在纽约附近设立了一个广播站,并进行了有史以来第一次广播。但当时收听广播仅是少数人的专利,真正面向多数人的广播诞生于20世纪20年代,此后便风靡全球。

广播具有以下特点。

① 传播速度快,携带方便,受众面广泛。无论受众年龄大小,文化程度高低,广播适合所有的人。

② 各方付出的成本都很低廉。无论是其自身的制作与运行成本,还是听众的接收成本,广播的各种费用在所有媒体中都是最低的。

当然,广播也有不足,主要表现在以下方面:

① 听众只能被动选择既定的内容;

② 传播内容稍纵即逝,不容易保留;

③ 听众也不容易专注于声音,因而传播效果较差。

四、电影

电影是一门根据视觉暂留原理,运用照相(以及录音)手段把外界事物的影像(以及声音)摄录在胶片上,通过放映(同时还原声音)在银幕上造成活动影像(以及同步声音)以表现一定内容的技术和综合艺术,其具有超越其他一切艺术的表现手段,是20世纪以来发展迅速、影响巨大的媒体。

电影的特点有:

① 以人为中心,表现人的性格、命运和思想情感。

② 声音图像并茂,直观逼真,具有强烈的艺术感染力。

③ 受众往往只能被动观看,想像空间较小。

④ 制作成本高昂。

五、电视

电视是一种把连续动态的图像和声音转换为电子信号,并通过各种渠道传输电子信号,后再将电子信号通过接收机还原为图像和声音的技术。这里指的是可以接收并还原电子信号为连续动态的图像和声音的装置,即电视机。

电视的特点与电影比较接近,那就是画面传播,直观性和立体感强,有较强的视觉冲击力和艺术感染力。

影视的不足也很明显:两者也都不方便复制,如果观众长期观看,容易对其思维能力和精神状态产生负面影响。

电视与电影有所不同的是,电视不仅提供文化和娱乐,也提供新闻和信息,而且有强烈的现场目击感。此外,电视的制作成本一般也低于电影。

六、互联网

互联网又称网际网络,或音译因特网,是网络与网络之间所串连成的庞大网络,这些网络以一组通用的协议相连,形成逻辑上的单一巨大国际网络。这种将计算机网络互相连接在一起的方法可称作"网络互联",在这基础上发展出覆盖全世界的全球性互联网络称为互联网,即是互相连接一起的网络。

互联网具有以下特点:

① 高度的综合性使得信息交换方便快捷,不受空间限制。

② 交换信息时具有充分的互动性,是一种交互性的传播。

③ 信息交换的使用成本较低,使用者众多。

④ 信息交换趋向于个性化发展,容易满足个性化需求。

⑤ 有价值的信息被资源整合,信息储存量大,高效、方便、快捷。

⑥ 信息可以通过多种形式存在,如视频、图片、文章等。

第二节　麦克卢汉的媒介观

传播学界对媒介的研究从这门学科萌芽时就开始了,而且主要兴趣集中在媒介对个人与社会的作用上。近百年来不断有高质量的研究成果问世。迄今为止,传播学探讨媒介与社会关系的基本理论共有7种,即大众社会理论、马克思主义方法、功能主义理论、批判政治经济学理论、现代化与发展理论、传媒技术决定论和信息社会理论。

大众社会理论兴起于20世纪50年代并延续至今,其基本观点为:大众传播是制造与控制大众的消极力量,大众传媒的主要社会功能是与其他社会权力组织一起来维持与加强现存社会秩序,从而有效控制大众。

马克思主义方法实质就是经典马克思主义政治经济学媒介观,该理论认为,西方媒介的私有制决定了其最终为统治阶级的利益服务的必然性。

所谓功能主义理论,简单地说,就是以社会和个人的"需要"为出发点来解释社会实践与组织行为的学说。功能主义把社会看作为由包括媒介在内的不同子系统所构成的关系网,每一个子系统均对社会大系统的延续和秩序做出不可或缺的贡献。由于有组织的社会生活依赖于社会各系统的和谐、稳定、连续的运转和密切配合,大众传播的行为和功能在很大程度上要受到个人和社会组织对连续性、秩序、社会整合、社会引导等"需要"的制约。因而媒介在很大程度上是维护现存社会秩序而非促进社会变革的力量。

批判政治经济学理论是一种从所有制角度出发研究资本主义媒介制度的理论。该理论认为,大众传播机构是资本主义社会政治经济制度的一部分,传播内容必然要受到媒介经济利益的支配。

现代化发展理论是一种在发展中国家流行的理论,其基本观点是,大众传播具有促进经济发展和社会进步的强大功能。

在这七大理论中,加拿大的传播学家麦克卢汉提出的技术决定论无疑是最为引人注目的,信息社会理论在很大程度上可以看作媒介技术决定论的网络时代版,下面进行详细介绍。

一、伊尼斯的"传播偏向论"

在提及麦克卢汉之前,有必要介绍一下他的同事伊尼斯,同麦克卢汉一样,伊尼斯也是加拿大人,是著名的经济史专家和传播学家,曾出版过《帝国与传播》《传播的偏向》《变化中的时间观念》等著作。

伊尼斯是第一位对传播媒体和特定历史时期的不同社会结构之间可能存在的联系进行系统思考的传播学家,他着重从媒介的时空特点来检视媒介对社会、政治和文化功能的影响。其主要观点如下:

1. 传播交流模式是一个社会运转最重要的模式之一

伊尼斯认为,一个社会主流的传播技术在空间和时间范畴会有不同的偏向,这种偏向决定了该社会的权利构造模式和垄断模式。为此,他把媒介分为时间偏向型、空间偏向型两类。所谓时间偏向型,指的是那些不容易运输,耐久性强的媒介,如石头、羊皮纸等,这些能够长久保存。这是一种个人的、宗教的、商业的、特权的媒介(如中国的石碑),这种传播模式在社会占主流地位则表明该社会趋于尊重传统;所谓空间偏向型,指的是那些容易运输,能克服空间障碍的媒介,如纸张等。这是一种政治的、文化的、大众的媒介,该模式有利于强化政治统治和传播科学文化知识。

2. 主流传播技术在时空范畴的偏向及其变化导致社会的变迁和帝国的兴衰

伊尼斯认为,媒体是人类思维的延伸,传播是思想的扩张。早期的埃及、希腊和罗马帝国之所以强大稳固,乃是因为政治与经济精英控制了书写文字,并使书写文字成为精英传播的主要方式,随着书写工具和材料的不断进步,书写文字的威力也就愈加强大。这样,少数精英就能够控制和管理更广阔的地域,从而使得创建帝国成为可能。而且,基于书写文字的帝国的扩展边界由传播技术决定,政治宣传的威力不亚于武力威慑,要维持社会政治经济秩序的运转也需要媒体技术。例如,电话和电报的应用就能更有效地控制更广阔的地理区域。

3. 传播模式的偏向决定一个社会知识垄断的形式和垄断知识的人群结构

伊尼斯指出,传播媒介是西方文化的象征,西方文明深受传播媒介的影响。西方近代史在某种程度上就是一部传播偏向的历史。人类传播的每一个革新都不可避免地对偏向时间的媒介挑战,导致偏向空间的传播媒介(这里指的是印刷媒介)

更加发达和更大的权力集中,也会造成对时间偏向的破坏,妨碍人们对事物的系统理解。而那些掌握报业的人掌管着权力,必然会导致对知识、文化和信息的垄断,来自非中心(即边缘)的人和资源不可避免地被处于中心的精英们所剥削并服务于他们的利益,这显然是不理性的。对于现代社会人们所面临的这一重大问题,必须有相应的对策。报业的理性运作有赖于优秀的知识分子的操盘,否则就难以给公众提供全面的决策信息。

4. 商业化的媒体运作有负面作用

对于大众媒介的负面作用,伊尼斯有着清醒的认识。他指出,报纸在不断扩大发行量和发行区域的过程中,逐步改造了人类的时间观念。同时,也把新闻变成了商品,使其可以在竞争和垄断中被出售。因而,媒体人喜欢在新闻中强调刺激、轰动和个性,放弃社会责任,也就不足为怪了。

5. 美国的大众传媒对加拿大有重大威胁

伊尼斯敏锐地观察到,目前美国报业的强大实力使它能够垄断加拿大的纸张市场,进而形成文化与知识垄断,美国文化对加拿大是一个巨大的威胁。美国强大的大众报纸所激发的种种舆论,很大程度上决定了美国的外交政策,而这些外交政策已经对加拿大的政治生活形成了某些压力并使之有被扭曲的危险。因此必须注意美国的这种空间偏向对加拿大可能造成的危害。

二、麦克卢汉的媒介观

作为在一起相处多年的同事,麦克卢汉深受伊尼斯的影响,并从他那里借用了不少观点。不过,麦克卢汉并不对诸如剥削或者垄断之类的政治与经济问题感兴趣,而是深深痴迷于媒体技术对人类社会的改造力量,发出了不少惊世之论,从而奠定了他在传播学界的泰斗地位。他的代表性著作有《机械的新娘》《古登堡群英》《理解媒介》《媒介即信息》《媒介是按摩是逆风》等。其理论的核心在于,他认为传播科技克服了时间和空间的障碍。主要观点如下:

1. 媒介(含交通工具)即是信息

麦克卢汉认为,媒介对个体和社会的影响源于新的尺度的产生。

媒介形式影响知觉模式。任何一种新的媒介都要在我们的事务中引进一种新的尺度。任何媒介的信息是由它引入的人间事物的尺度变化、速度变化和模式变化。

虽然技术的效果并未在意见或观念的层次上发挥作用,但却能稳定地、不受任何抵制地改变感官比例(即嗅觉、触觉、听觉、视觉和味觉等各种感觉器官的平衡作用)或理解模式。

他举例说,印刷媒介只强调视觉,因此影响了我们传统的思维,使人类用划一性、持续性、规则性、重复性、逻辑性和直线性来分析、理解和把握世界,印刷媒介带来了专业化和技术,导致了流水线作业方式,进而形成商品一致性和价格固定系统,以及千篇一律的生活时尚。同时也在社会层面上造就了人与人之间的疏离感和个人主义。电视媒介更多的是强调感觉,比印刷媒介更需要介入和参与,因此电视可能会有助于恢复印刷媒介所毁坏的感官比例的平衡。从更宏观的角度看,电视正在使我们重新部落化,将我们从单个的民族国家变成一个地球村。

麦克卢汉指出,媒介带给个人与社会的影响并不在于媒介传递的内容本身。他甚至极端地认为,电视上的儿童节目与暴力的娱乐节目所产生的社会效果是一样的,真正具有影响力的是电视媒体本身。他说:

铁路的作用,并不是把运动、运输、轮子或道路引入人类社会,而是加速并扩大人们过去的功能,创造新型的城市、新型的工作、新型的闲暇。无论铁路是在热带还是在北方寒冷的环境中运转,都发生了这样的变化。这样的变化与铁路媒介所运输的货物或内容是毫无关系的。

他进而指出,社会的形成在更大程度上总是取决于人们相互交流所使用的传播媒介的性质,而不是传播的内容。新的媒体形式改变(或按摩)着我们的自身经验和社会经验,或者这样说,传媒技术决定了受众的经验。媒介的重要效果来自他的形式,它对受众的影响最终比媒体本身所要传达的特定信息内容更为重要。

任何媒介都有力量将其假设强加在没有警觉的人身上。

媒介的"内容"好比是一片滋味鲜美的肉,破门而入的窃贼用它来涣散和转移看门狗的注意力。

一切媒介都在彻底地改造我们……私人生活、政治、经济、美学、心理、道德、伦理和社会各方面的影响是如此普遍深入,以至我们的一切都与之接触,受其影响,为其改变。媒介即信息。

简言之,每一种媒介都将影响人们的理解和思考习惯,即改变人们感知世界的方式——思想行为方式,从而改变人们的生存方式,创造新的社会模式。

那么我们如何理解媒介即信息这一"奇谈怪论"呢?

一句话,麦克卢汉认为,媒介的"内容"并非它本身,而是另一种媒介。对此,李金铨的解释有助于我们理解其含义:

> 直言之,媒介是一种科技、一种形式,它本身就是信息,而内容则是科技的使用。印刷(媒介)的"内容"是话(另一种媒介);电影(媒介)的"内容"则是小说、戏剧和歌唱(另外的媒介)。重要的是:电影这一传播媒介,改变了人类的感官能力,把我们从连贯的世界里拔出来,带入一个有原创性的图画结构之世界;电影本身就是"信息",把直线型的联系变成了非线性的图画,它的影响力是不假外求的。至于"装"的是什么内容则无关紧要了。不但电影如此,其他传播媒介皆然。

这样,麦克卢汉的意思就很清楚了。媒介的"内容"并非它本身,而是另一种媒介。媒介传播信息,但媒介并不以这些为具体内容。媒介的内容(信息)在于媒介自身,也就是体现为媒介(包括交通工具)在实际生活中的使用,比如看电影、上网、看电视、玩手机、飙车、泡网吧、泡酒吧等;媒介运用的功能就是延伸人体,决定人们对外部世界的感知方式,从而铸造人们的生存模式(如数字化生存),而不是媒介所传播的那些具体信息。一句话,媒介的运用就是媒介的全部内容,媒介本身就是信息。

2.媒体是人的延伸

麦克卢汉认为,媒介与技术是等价词。他指出,媒介是"活生生的力的漩涡",一种新媒介的出现总是意味着人的能力获得一次新的延伸。他举例说:

> 车轮……是腿脚的延伸,书本……是眼睛的延伸,衣服……是皮肤的延伸,电子线路……是中枢神经系统的延伸。

对于电子媒体逐步取代印刷媒体将会产生哪些影响,麦克卢汉有如下的精妙论述:

> 这是焦虑的时代,因为电子技术的内爆迫使人承诺和参与,几乎不顾任何"观点"。观点的偏颇性和专门化的特点在电子时代完全行不通,不管它本身有多高尚,在信息层面上,也同样存在着令人不安的变化,宽泛的形象取代了纯粹的观点。如

果19世纪是编辑的座椅时代,那么我们这个世纪就是精神分析师沙发的时代。

椅子作为人体的延伸,是与臀部分离的专用家具,而沙发则使人的整体得到延伸。精神分析师使用沙发,是因为消除了表达私人观点的诱惑,排除了使事情合理化的需求。

3. 传媒技术导致"地球村"的出现

麦克卢汉还提出了一个新概念"地球村"。其含义当然不是指发达的传媒使地球变小了,而是指人们的交往方式以及社会和文化形态的重大变化。

麦克卢汉认为,交通工具的发达曾经使地球上的原有"村落"都市化,人与人的直接交往被迫中断,由直接的口语化交往变成了非直接的、文字化的交往。在电子时代,以电子速度运行的信息消除了时空差异,又实施着反都市化,即"重新村落化",消解了城市的集权,使人在交往方式上重新回到个人对个人的交往。他写道:

城市不复存在,唯有作为吸引游客的文化幽灵。任何公路边的小饭店加上它的电视、报纸和杂志,都可以和纽约巴黎一样,具有天下在此的国际性。

4. 媒介可分为"热媒介"与 "冷媒介"

与伊尼斯把媒介分为时间偏向型与空间偏向型两类的划分法有所不同,麦克卢汉把媒介分为"热媒介"与"冷媒介"。他解释说:

热媒介只延伸一种感觉,并使之具有"高清晰度"。高清晰度是充满数据的状态。

热媒介要求的参与程度低;冷媒介要求的参与程度高,要求接受者完成的信息多。

他指出,所谓高清晰度,就是信息与资料完备又明确的状态。这样的媒介要求受众补充的信息少,参与的程度低,无须发挥想象或再创造,而那些冷媒介提供的信息少,需要受众积极参与和想象以填补空白。

麦克卢汉认为,收音机、电影、照片等是热媒介,而电话、电视、卡通画等是冷媒介。

麦克卢汉对于传播技术的进步给人类带来的影响持无比欢迎的态度。他认为,传播技术的变化将不可避免地导致文化和社会秩序的深刻改变,如果技术本身能决定它被使用的方式,那么也没有什么好害怕的。如果技术能够改变我们的感官经验,被用来创建帝国,那么它也可以用来改变社会秩序。

应该说,麦克卢汉的许多观点切中了当今信息社会的要害,闪耀着智慧的光芒。他的媒介即信息的观点,对电子媒介的作用的洞察以及关于"地球村"的预言都被实践证明是正确的。但他对人类发展的技术决定论观点显然是片面的。他无视社会历史条件等因素,主要是从技术的角度理解传媒,而不大关心媒介的人文属性,夸大了技术对于世界的影响,造成了媒介人文价值的缺位,这不可避免地导致了他的一些结论并不符合社会现实。例如,在信息技术日益发展的今天,信息资源严重分配不均,已出现了"数字化分化""数字鸿沟"一类的现象和问题,这些都是麦克卢汉理论无法给予正确解释的。

此外,由于其研究结论并无严格的科学论证(他曾说过"我不解释,我只探索"),且其著作里充斥着不少"神谕"一样的话语,十分令人费解。如果按照麦克卢汉所说的那样,信息可以随时随地获取,那么对人类而言真的那么美好吗? 信息的无处不在也就意味着在哪里也没有信息,因为此时的人们已没有空间感了,拥有接触信息的各种渠道并不等同于能够有效地选择和使用信息。

再如,"地球村"到底是什么样子,在时间和空间上有无坐标? 人类能够适应这种无形的、模糊的社会组织的生活吗? 麦克卢汉对此均未解释。他的"热媒介""冷媒介"的划分已被证明是错的。因而在许多人看来,他并不是一个严格意义上的社会科学家,而只是一个有着思想火花的预言家。

批判学派的代表人物贝尔在《资本主义文化矛盾》一书中对麦克卢汉的理论曾有如下中肯的评价,值得我们借鉴:

> 享乐主义时代还有着它胜任的预言家——马歇尔·麦克卢汉。享乐主义时代是市场的时代。此时的知识变成了以公式、广告标语和二进位数编制出来的信息号码。人掌握了这些号码,就能轻松自如地理解周围复杂的世界。麦克卢汉这位作家不仅能利用编码方法为享乐主义时代下定义,而且在自己的文体中试用一套入时的公式,把这一时代的思想用号码法表示出来——真是精于此道,无与伦比! 他的做法是把媒介看成信息,因此思想仅占第二位,或不算数。有些媒介是"热的",如广播,它把听众排斥在外,另一些媒介是"冷的",如电视,它需要人们身临其境。印刷文化是线性的,视觉文化是同步发生的,等等。这些概念并非让人用来进行分析,或者用实证手段加以检验;它们是缓解人们焦虑的祷文,为的是加强人们置身于新交流方式中的舒适感,它们是心灵的蒸汽浴。总之,马歇尔·麦克卢汉在很多方面是在为人类的梦想做广告。

第三节 其他媒介理论

一、梅洛维茨的媒介情景论

梅洛维茨是美国传播学家,他从麦克卢汉的学说、考夫曼的情景论中吸取了合理的成分,通过深入研究电视,论证了媒介本身是如何形成一种环境的。他在1985年出版的《消失的地域:电子媒介对社会行为的影响》一书代表了其观点。他认为,对于电视影响人们的方式,麦克卢汉的感官比例与感觉平衡的概念并未提供足够的令人信服的解释。因此,他试图用考夫曼的场景与角色的社会学理论来解释麦克卢汉的"媒介既信息"这一命题。其主要观点如下。

1. 情景就是信息—系统

梅洛维茨认为,所谓情景(地域或场合)一般指的是在物质环境中的行为。考夫曼曾用前景和后景来概括说明社会活动在不同区域的差别。前景是公共的"前台",而后景是私人的领域,是个人活动的非正式场合。梅洛维茨把地域定义为社会地域和物理地域,并指出这类物质环境始终是特殊的,由于常常以特殊的方式容纳或排斥参与者而具有社会意义。社会环境并不仅仅是指在特定的时间和地点发生的面对面的接触,而应该是指人们"接触信息的形式"这一涵盖面更广的概念。情景由物质环境与社会环境所构成。这里的信息主要是指社会信息(有关自己与他人行为的信息),它涉及人与人接触的方式这一社会行为。某一物质环境既可以允许一些人在一起进行信息互动,同时又将参与者与其他人隔绝开来。物质场所的大小,能决定在其中自由地进行信息互动的人数的最大值和最小值。决定信息互动性质的主要因素是信息流动的类型,而非某一具体的物质环境。因此,情景就是信息—系统。物质环境与媒介"环境"不是两个分支的事物,而是一个统一的整体。地点、场所与媒介均促成了人们之间信息互动与社会信息流动的特定形式。

他指出,在电子媒介出现以前,人的社会领域几乎等同于物理地域,人的行为逻辑是基于他们对社会领域和物理地域的感觉。新的传播媒介的使用,可以改变社会环境和社会行为。特别是电子传播媒介超越了物质环境所形成的情景的界限和意义,重新组构了物理位置与社会位置的关系,有效地改变或重新组织了社会环境,人们不再拥有传统意义上的地域。电视技术改变了社会原有的秩序,也改变了人们传递与接收信息的方式。这种改变无须通过修建或拆除墙壁和走廊,也无须改变有关如何到达一些地方的风格和法规,就可以削弱自然环境与物质场所之间原有的密切联系,产生一系列新的社会行为。由媒介所造成的信息环境比通常意义上的物质场所更重要,"运用媒介所造成的信息环境如同地点场所一样,都促成了一定的信息流通形式"。它制造出一种新的共享归属感以及新的隔离与排斥。在很大程度上模糊了"此处"与"彼处"的界限,生活中的世界与媒体中的世界的界限以及私人领域与公共领域的界限。

2. 每一种独特的行为都需要一种独特的环境

梅洛维茨认为,"对情景的界定"有助于参与者决定自己的衣着、仪态、说话方式、风格、投入的精力、心情等。情景是一种"胶合剂",可以把社会互动的诸多要素黏合在一起。为了保证每一个社会互动的参与者举止得体,有必要给相应的社会情景划定单一的界限。一般来说,有多少个不同的场合,就可以把行为方式划分出多少个单一的界限。

不同情景的分离使得不同行为的分离成为可能,而不同情景的重叠或混淆则会引起行为的混乱。因此真正不同的行为,需要真正不同的情景。一旦人们处在"属于自己的时间里",他们也会力图使自己处在"属于自己的空间里"。人们需要始终如一地扮演自己的社会角色。

他进而指出,两种及以上的不同情景一旦重叠或混淆,社会角色则会发生变化,这样就会造成人们的迷惑。我们接受彼此在特定场合的特殊角色的能力,取决于是否能忽略彼此在其他场合的角色。如果新、旧情景之间缺乏充分的隔离,人们就很难认可新的情景是"真正的"。当某个情境中彼此熟悉的人们在另一个情景中不期而遇时,常常会感到尴尬。

此外,情景的分离容许行为的分离,而且情景间的距离大小决定行为方式的分离程度。通过情景的分离,即使非常敬业的医生和教师也得以在一定的时间和场所休息、娱乐——即使在某处肯定有病人因无人照料而濒临死亡,也肯定有儿童被迫处于失学、无知的境地。人们对某一情景的反应,与对另一情景的反应很难趋同。

梅洛维茨证明,当两个或以上的情景融合时,不同的界限会融合成的界限。也就是说,两个情景的融合并不是简单的合并,而往往会消除旧情景并产生一个新的情景和规则,这说明情景的融合存在着一定的"文化逻辑"。

3. 电子媒介可以造成原来不同情景的融合

梅洛维茨认为,社会现实并不存在于人们行为的总和中,而存在于情境中行为的总体模式中。当两个不同的情景之间的分界线被移动或消除后,社会现实也随之改变。而情景分离或融合的模式,可以被个人生活的决定、机遇和包括社会对媒介的使用在内的其他一些力量改变。情景分离的关键因素是情景间分界线的性质。

电子媒介可以通过改变社会情景之间的分界线给予人们更快、更完全地接近事件与行为的方式甚至新的事件和行为,进而造成原来不同情景的融合。这是因为电子媒介因为其方便快捷且低门槛,可以使不同的受众群体合并到一起;电子媒介改变了以前的信息接收的场景、次序和群体;电子媒介把原来的私人情景合并到公共情景。

梅洛维茨重点研究的是人际间的面对面的互动。他主张,通过将各种各样的人聚集于相同的地方,电子媒介可以使原先很清晰的角色变得模糊起来。结果往往是,男性女性的角色合并了;成年人与儿童的角色模糊了;政治领袖变成了普通民众。

与梅洛维茨一样从时空的角度研究媒介问题的学者还有不少。

汤普逊认为,当今社会,媒介已成为人们生活的典型中介,人们信息与符号的交流更多的是在媒体中介交流与交流中进行的,而不是像传统社会一样面对面地交流。

卡斯塔尔认为,随着媒体技术的进步及其被广泛使用,个人越来越多地脱离原来直接生活的领域,在媒体中介的流动空间里交往,人类正经历着一种新的时空观的变化——流动的空间和无时间的时间(即人为改变时序阶段,如灵活上班)。虽然这个流动的空间与地域有联系,但其结构与意义并不与任何一个地域相联系,而只与这个传播流动网络中的关系相联系。交流的内容决定了网络形式、流动的空间以及各个地域的关系。

索亚认为,在一系列政治、经济全球化和社会破碎化的大环境影响下,城市本身就成了一个后现代文本,充满了流动符号与超现实图景。人们在地域与空间的经历被一组组媒介符号所取代,超现实的符号(虚拟现实、赛博空间等)被大量扩散到日常生活中。所谓赛博空间,指的是一个由电脑创造、维持和进入的虚拟空间,它是一个有电脑网络和电信通信系统组成的技术空间,一个以技术系统为媒介的社会空间,一个以幻觉为真实的可控的社会交流空间,一个构建认同和意义的文化空间,一个公共生活和私人生活合并在一起的空间。

奥吉则提出了"非地域"理论。所谓非地域,指的是诸如飞机场、地铁、国际连锁酒店和购物中心这样的新的社会空间,他们是大众媒介和大众运输的交汇点。他认为,地域是传统文化的中心,它可以提供身份认同、关系和历史三种功能,而非地域没有这种功能,它似乎存在于历史之外。当今的大众传媒不再成为人们了解家乡的资源,不再提供与他人交流和分享生活的图像与故事,也不再具有创造与维护文化认同的功能,而是在传播大量的无社会意义的、将人们隔绝的符号和信息,造成人虽在某个地方但心却在媒介技术的世界里。也就是说,媒介使人们相互脱离和隔开。这样的非地域是一个到处都一样的真实的"全托邦",媒介使得生活变得毫无意义。

二、凯瑞的媒介"仪式观"

凯瑞是美国当代著名的传播学家,其代表作有《传播的文化研究取向》《传播即文化》等。他的突出学术贡献在于试图在不同的学术流派之间进行沟通与对话。他认为,媒介并不只是主流传播学家所定义的那种信息传递的载体,而是社会仪式中的重要组成部分。传播活动也并非如传播学者关注的那样仅仅是信息在空间的传播和对受众的控制和影响,更重要的是维系社会在时间上的延续,创造、表达并更新某一社会群体共同的意义系统和价值信仰。

在传播过程中,现实世界通过符号的创造、理解、使用而被制造出来,同时这种现实世界的创造和解读过程是一个公共的和社会的过程,需要有公共符号资源和社会交流环境。人类先使用自己创造的符号体系再现一个现实世界,然后就生活在自己创造的世界中。在这样的一个过程中,媒介已经不再是一个单纯的介质或载体,而成了一个符号或隐喻,成为一系列符号的一部分。其观点主要包括以下几方面:

1. 传播具有社会性

传播是人的社会实践,因而人是传播的主体,人既传播信息也分享意义和感受群体的认同。

2.传播具有表征性

传播是对现实世界的描绘与解释过程,从本质上来说,传播就是创造、维持、修复和改变符号系统的过程,这个符号系统就成为现实的表征。例如,地图就是地理环境的表征之一,地图代替了真实的环境,人们通过地图来认识和熟悉地理环境。但是,符号系统一旦创造出来,它不但是现实的表征,而且为现实提供表征,即这个由符号替代现实的表征已经被接受,而且为以后观察和解释类似的现实提供了表征,也就是通常所说的"信息环境的现实化"。

3. 传播具有仪式性

凯瑞认为,人类在创造、维持、修正、改变符号的过程中,一个重要的因素就是分享。符号的创造过程是一个集中集体智慧的过程,包含了对美学体验、宗教思想、个人价值与情感以及价值观的分享,这种分享表现出一定仪式的秩序,类似社区的宗教仪式。如果说,传播的传递观的核心在于以控制为目的的信息在地理上的拓展,那么传播仪式观的核心就是人们以团体或共同体的形式聚集在一起的神圣典礼。

凯瑞认为,传播在构建维系社会和群体认同方面作用巨大,口头传播更具有人性和道德力量,迄今为止的传播学效果研究恰恰忽视了人性因素。凯瑞强调,现代传媒技术都是服务于符号的创造、维系和修改,其最大影响是作用于我们的社会实践,而不是直接地改变人的心理。技术开拓了市场,扩展了地域,改变了工作方式,根除了先前的文化空间和时间,重新复制了新的文化资本形式,建立了对知识的垄断。大众传媒成了群体利益纷争的永久场所,争论的焦点就是谁对现实的解释被确立。凯瑞还认为,传播是生产意义的过程,本质上是一种社会实践而非利益游戏。

三、斯蒂文森的游戏论

与其他传播学家观察问题的角度不同,斯蒂文森认为大众媒介是传播快乐的游戏工具。他指出,人类的所有行为可分为工作和游戏两种。工作是为了谋生,是应付现实的,也是有产品的;而游戏主要是为了自我满足,它是没有产品的。

相对应地,人类的传播活动也可分为两种类型,一种是工作性质的传播,这种传播因为有压力,容易导致人的心情不快乐;另一种是游戏性质的传播,因为此情景下人是放松的传播,是在寻开心,能够传播愉快。

斯蒂文森认为,大众传播是游戏性质的传播,所以不能把它看作工具,而应当把它当作玩具,借此解脱工作环境中的压力。

很显然,该理论只是部分正确。严格说来,现实生活中,大众传媒总体上属于制度化的国家统治机器的一部分,是一种政治、经济、文化和社会控制的工具。

四、阿多诺与霍克海默的文化工业观

法兰克福学派代表人物阿多诺与霍克海默认为,资本主义社会中对文化的大规模生产与商业化形成了一个文化工业,这种工业从上向下有意识地结合其消费者,维持着资本主义的意识形态。他们认为这种文化工业具有以下特征:

1. 同质性

文化工业像工厂一样,生产情感与形式的标准化、规范化的大众文化消费品。即能被批量复制的物品。

2. 虚幻性

文化工业的升华是伪升华,文化工业提供和催生虚假的需求和虚幻的感官满足,它不断地供应文化快感和幸福承诺,用伪审美假升华遮蔽人性压抑的真实,无限期地延长支付它开出的快乐支票,很容易让人们忘记现实中经济活动的困苦和自身受剥削和压迫的境况。"文化工业不是纯化愿望,而是压抑愿望。"

3. 控制性

文化工业生产通过支配着一种自然的、异化的和虚假的文化来操纵人们的生活,艺术不再是马克思所说的"自由的精神生产",而成为没有审美价值和批判功能的商品,导致人的进一步异化和物化,使人们心安理得地生活在资本主义现存制度中而毫无反抗意识。他认为,听流行音乐就是一个典型的"权威性的集体主义的受虐过程"。威廉斯也指出,流行趣味在某种程度上是——当然不完全是——一种人为的趣味,而是由节目策划人和制作人制作出来的趣味。

我国学者潘知常对虚幻感产生的历史文化背景做过系统的分析。他认为,以下两个因素起了决定性作用。

(1) 人类社会结构从立体转向平面

过去人们的联系是立体的,事先往往要考虑背景、履历、血统、身份等。进入大众化社会以来,人们之间的联系主要是横向的,血缘过度为业缘、机缘。交际的面越来越广,交际的深度越来越浅(贺卡、短信彬彬有礼但无关痛痒,网络聊天代替谈心但多是废话)。认识的人越来越多,朋友越来越少。(灵魂、个性、魅力的交往被谈吐、礼节和时尚所替代），房间越来越大，家的感觉越来越少，邻居互不相识，青梅竹马、两小无猜的情景已不复存在。不仅对物，用完即弃（如快餐、方便面、一次性物品等），人与人之间的关系越来越带有临时的性质。

人们对完美与理想缺乏必要的耐心。物质上极大丰富，精神上一无所有。人类已成为没有技艺、深度和历史的平面人，成为消费和浪费的机器。

人类也不再渴望在集体中获得认同，而是一个无根的寄居者，无法确证自身。害怕被遗弃，生活在人类编织的社会梦幻中，反而把现实当作虚假，因此感到孤独、陌生，反过来要寻找归属，所以跟风追求时髦。

（2）当代社会从生产社会向消费社会转型

在工业社会及以前，生产是最重要的，消费则被排除（此时节俭是社会美德）。在当今社会，消费比生产更为重要。人类进入了一个以消费为主的社会，商品造成需要（而非需要造成商品），消费从经济行为转向文化行为（即以形象化的商品而非商品本身，甚至以消费为消费对象）。人们在进入大型商场之前似乎不需要什么，出来之后却感觉什么都需要，把虚拟的未来需要变作当前需要，消费对象制造出一种对于消费者的价值，让消费者习惯或不习惯的拥有某种商品。

五、霸权理论与媒介帝国主义

1.葛兰西的霸权理论

所谓霸权，一般指的是支配关系，包括强制与同意。在意大利学者葛兰西的相关理论中，霸权指的是一个阶级的意识形态对其他阶级的非强制性的支配影响力，它不仅包括权力，也包括取得和维持权力的方式。这种霸权的隐蔽性和欺骗性在于建立霸权的过程并不是通过强制性的暴力实现的，而是依靠社会其他阶级的志愿认同和共识实现的。

葛兰西认为，霸权其实是一种施展社会权威的环境，核心是意识形态的领导权。在工业化社会中，统治阶级通过大众传媒这种社会化的力量把自己的哲学、文化和道德观念推广到社会其他阶层（即被统治阶级），从而长久地维持权力、财富和地位。特别是，大众传媒把原来没有的观念介绍到大众的意识当中，但公众并没有拒绝这些观念，因为他们已成为文化分享的一部分。大众传媒是工业化社会中关键性的社会机构，它的拥有者和管理者可以比社会其他阶层更容易地把对他们自已有利的观点和内容生产出来并传播到公众领域,让其他阶级接受其为"常识"或"自然公理"(正如阿尔都塞所言,"资本主义关系多多少少要根据工人阶级本身自愿的赞同被再造从而取得合法性"),并通过和社会其他控制机构(学校、企业、政党、工会、宗教团体、军队等)相互配合,维持一种意识形态霸权。霸权的明确标志就是一种意识形态的表述已被社会民众普遍认同的"现实",即用统治阶级的世界观同化被统治阶级。

葛兰西的霸权理论在学术界很有影响,给人们的启示有两个方面:第一,任何事物或事件本身都无意义,其意义都是被人创造出来的,而且具有社会意义;第二,意识形态不仅仅是价值观念,也是人的主动实践。

当然,最近20多年来,也有学者对霸权理论提出了不同看法。例如,科林斯就认为,文化在形式内容和意义方面都是异质的,后现代社会面临的是"共同文化"的终结和多元的文化与生活方式,霸权性质的权威已不复存在。

2. 文化帝国主义

众所周知,目前美国维持世界支配性地位的主要支柱是军队和文化,即军事霸权和文化霸权或文化帝国主义。根据美国学者席勒所下的定义,所谓文化帝国主义,是在某个社会步入现代世界系统的过程中,在外部压力(主要是信息与文化产品)的作用下被迫接受该世界系统中核心实力的价值,并使社会制度与这个世界系统相适应的过程。通俗一点的说法就是,西方发达国家凭借其先进的信息传播技术,通过所谓的"自由企业"也就是跨国传媒集团把它们的价值观和信仰以文化霸权的形式强加给发展中国家,故也称为媒介帝国主义。其顶端是代表资本利益的跨国媒体集团,中间是为资本服务的国家机器,底层就是所谓的文化"消费者"即受众。

美国1964年4月的一份关于"赢得冷战"和"意识形态作用和外交政策"的国会报告中详细阐述了这种新方式:

许多年来,军事和经济权力或者独立地,或者联合地为外交服务,成为外交的支柱。如今他们仍然发挥着作用,但最近大众对政府影响力的增加,再加上20世纪同时发生的革命使部分领导者对人民的强烈愿望有了更多的认识,这又给外交政策的实施创造了一个新的维度。有些外交政策的目标是通过直接影响他国的人民,而不是影响他们的政府来实现的。通过使用现代传播手段和技术,如今能够影响一个国家的大部分民众或者有影响力的民众——告知他们信息,影响他们的态度,甚至有时可以动员他们采取特定的行动。这些群体反过来可以给他们的政府施加重要的、决定性的压力。

文化(媒介)帝国主义是和全球化联系在一起的。

全球化是一个包括图像、商务、产品、人员和国际组织在内的快速的世界性流动和扩张,这一进程打破了时空的限制,把全世界编制在一个庞大的网络里。在这个网络中蝴蝶效应普遍存在。全球化时代使人们面临着时间和空间的距离化,因而媒介在其中占据着中心的位置,它让人们在本地就可以感受世界各地的变化。正如弗里德曼所说的那样:

可口可乐旅游者的T恤衫以及晶体管收音机已经成为普及的东西,这些西方文化的事物和象征符号已经融入全球人民的日常生活中,即使这些东西的生产地为香港也是如此。

席勒认为,全球化是资本主义发展的一种形式,市场经济的全球化是通过媒介以及跨国媒介集团的全球扩张实现的。与以前赤裸裸的军事扩张与经济掠夺有所不同,文化帝国主义推行的是一种文化侵略的战略,他们强调帝国的智力、知识、道德、军事实力高人一筹,帝国文化是一种身份认同,是先进文化的象征,其他的文化都被视为另类。文化帝国主义把语言(即英语)作为一种渠道,把大众媒介作为争取和说服落后国家的人心最重要的武器,除了对社会主义国家实施"意识形态的马歇尔计划"(如创办自由欧洲电台、美国之音等)实施和平演变外,更多的是借助新的媒介技术扩大信息覆盖面,在全世界制造对商品的需求,电影、书籍、广播电视节目、新闻报道、主题公园、数据库等随处可见的文化产品和服务,几乎覆盖了整个文化领域,全球市场日益被大型文化工业公司所操纵。消费主义不再只是某一大国的个别现象,已在全球范围内开花。当然,全球化不仅交流文化艺术,也交流文化价值观。在此过程中,大众媒介为了政治和公司财团利益把文化商品化,他们所提供的并不仅仅是消息和娱乐,同时也是服务于资本的意识形态。他们以自由贸易的名义在全球贩卖主流西方文化,传播舆论、文化、价值观念(如消费主义)或政治观点(即所谓的国家模式、民主、自由、人权、进步、全球化),通过在国际社会"制造共识",不知不觉地影响国际社会的精神结构,"赢得大脑和心脏",形成话语和行为的世界霸权,进而完成对落后国家的征服。

巴西学者奥利菲拉在1991年指出,目前巴西的电视节目是"美国文化产品的混合体,不时加入调料的西方价值观、规范、行为方式以及社会关系模式的第三世界版"。绝大多数的巴西肥皂剧与其模仿的美国肥皂剧有着相同的目的,即推销产品。

法农是这样描述非洲国家接触西方流行文化所带来的消极后果的:

年轻人随心所欲地享受着为资本主义国家的青年人涉及的娱乐消遣:阅读侦探小说和色情文学,使用自动售货机购买商品,观看色情照片和禁止16岁以下青少年观看的电影等,其中最严重的就是酗酒。在西方国家,工人阶级的家庭环境和教育的影响以及相对高的生活水平为抵御这些有害的消遣行为提供了一种或多或少的保护。而在非洲国家,那里的精神文化发展不均衡,两个世界的激烈碰撞已经相当大地动摇了古老的传统,模糊了普遍的观念。非洲的年轻人的感性已经被西方文化针对他们发动的各种攻击所支配。面对这种攻击,他们的家庭通常无能为力——不能展现稳定性和同质性。

面对这样来势汹汹的浪潮,不仅东方国家普遍担心,西方有识之士也深感忧虑。特皮斯特指出:

欧洲雇用美国的制作人、导演、设计师和作家来帮他们沿着经过实践检验的路线培育市场……美国人知道怎样吸引和控制受众。这些人涌入巴黎和其他欧洲国家的首都。这种生意获益于好莱坞发明的恶作剧……他们教法国作家怎样按照美国人的方式来设计剧情,这就是在广告时段开始之前插入几个小高潮……

英国的威廉斯曾不无悲伤地写道:

我们不得不注意到,英国的许多这类坏作品都源自美国。在某种程度上,我们是美国文化的殖民地。但我们得到的,当然不是什么美国文化的精华,糟粕的进口和模仿一再地由我们某些同胞进行着。意味深长的是,这还受到英国少数派的仇恨或嫉妒的驱使,因为他们将自己与伟大传统联系到一起。向往假美国,这是一种摆脱英国人等级和文化情结的出路。当然,这什么问题也解决不了,仅仅是把空虚和绝望给仪式化了,坏文化都是这种堕落的结果。真正流行的传统被轻视,伟大传统被某些人所独占,乘虚而入的是那些知道怎样剥夺继承权的投机分子,因为他们自己就植根于虚无。

即使是十分发达的法国,也曾对好莱坞所代表的美国流行文化在法国的泛滥加以限制,坚定地反对单一的文化模式。

不过,对于文化帝国主义的诸多观点,传播学界争议较大。传播学的文化研究学派就认为,媒介的全球化并没有造成全球文化的同质化。文化的全球化是一个过程,在此过程中,本地与全球的关系被重新调整。一方面,跨国媒体要依据本地的需要提供相应的文化产品;另一方面,本地的文化也有可能被全球推广。因此,全球化可能会形成新的全球文化流动的"跨民族世界",在这个世界里,本地文化与世界在许多方面是混合在一起的,不存在文化同质与否的问题,而只会促使不同的文化重新定义自己。在此过程中,呈现的是多元化的文化并存的局面,并不存在西方的统治地位。

3. 软实力

与文化帝国主义相关的一个概念是软实力。所谓"软实力",就是一国通过吸引和说服别国服从它的目标从而得到自己想要的东西的能力。"软实力"是一种能力,它能通过吸引力而非威逼或利诱达到目的,是一个国家综合实力中除传统的、基于军事和经济实力的硬实力之外的另一组成部分。20世纪90年代初,哈佛大学教授约瑟夫·奈首创"软实力"(Soft Power)这一概念。

按照他的说法,"软实力"主要包括国家的凝聚力、文化被普遍认同的程度和参与国际机构的程度等,具体有以下几方面的内容。

① 文化对他国的吸引力和感染力。

② 意识形态和政治价值观的吸引力。

③ 外交政策的道义(即道德威信)和合法正当性。

④ 处理国家间关系时的亲和力。

⑤ 发展道路和制度模式的吸引力。

⑥ 对国际规范、国际标准和国际机制的导向、制定和控制能力。

⑦ 国际舆论对一国国际形象的赞赏和认可程度。

4. 东方主义

又称为东方学,指的是西方对落后国家(东方)的认知、想象、建构及传播的集体意象,美国学者萨义德最先提出此概念。按照萨义德的观点,资本主义的全球扩张不仅依赖与政治、经济和军事方面的力量,同时也借助于文化、思想和学术方面的力量;不仅表现为现实层面的开拓疆土,把世界变成以西方为中心、东方为附属的大工厂、大市场,在思想和意识形态方面用西方文化标准和价值观来替代东方传统文化。这种替代是西方通过利用其霸权与支配地位对东方文化及其社会形态进行人为建构(即歪曲、虚构等方式)进行的——即"将东方东方化"。目的是把东方文化演变成让西方观看、理解和掌握的东西。18世纪以来,在西方人的传播过程中,逐渐把东方国家描绘成缺乏主体性的与西方文明相对立的"另类",以致一提到东方国家就常常与野蛮、落后、非理性相联系,而西方则是理性、文明、道德、先进的代表。这一理论深刻地揭示了一个秘密——为了利益或其他不可告人的目的,知识可以和权力勾结,知识不再以追求真理为己任,只需服从于权力和利益就可以。人们了解真实与历史仅仅是一个习得的习惯,不需要质疑。

萨义德写道:

为了使其驯服,东方首先必须被认识,然后必须被入侵和占领,然后必须被学者、士兵和法官们重新创造,这些将古代东方被遗忘的语言、历史、民族和文化重新发掘出来,用作——在现代东方人的视野之外——评判和统治现代东方的工具。

因而,西方国家对东方国家的描述既是对东方的不真实反映,也是一种对东方未来发展方向和模式的规定。这是由西方国家不同时期的政治与需要所决定的,是一种试图控制东方国家的文化强权和帝国主义话语。

如果东方国家不顺从西方垄断资本的意志,那么就会遭到报复和打击。他们通过武力征服、政治操纵,以及西方的舆论影响和拒绝提供继续的紧急援助等方式来反对东方国家改变自身经济与文化现状的努力。正如席勒在《大众传媒与美帝国》所指出的那样,"西方国家的领导人坚定地希望那些被他们视为反抗者的国家陷入更加悲惨的境地,希望他们作为经济禁运和军事打击的牺牲品而一贫如洗"。一个最有说服力的例子是,曾经为东方国家建立国际传播新秩序呼吁过的联合国教科文组织,因为英美的退出,造成运作资金的巨大压力而不得不退让,目前已基本上被西方传媒集团所控制。

5. 发展理论

发展理论也称为发展传播学。这是一个探讨大众媒介如何推进第三世界国家发展(现代化)问题的理论,其视野是建立在经济领域的工业化、政治领域的民主化、社会领域的城市化和价值领域的理性化的基础之上。自20世纪50年代以来,传播学界对于这一问题共有三种不同的理论构想。

第一种以勒纳(代表作《传统社会的消失》,1958)、施拉姆(代表作《传播媒介与国家发展》,1964)和罗杰斯(代表作《农民的现代化:传播的冲击力》,1969)为代表,他们认为,媒介这一"神奇的现代人格放大器(增值器)"是促进传统社会向现代社会变迁的"原动力",在第三世界国家的现代化过程中,有效的信息传播可以对经济与社会发展发挥巨大而积极的作用。一个国家现代化的核心是人的现代化,发展最终要求人的素质的改变。只要发展中国家严格按照西方的标准发展模式,抛弃自身的传统文化,借助大众媒介的强大威力来宣扬和灌输发达国家的全部价值观及生活方式,以此推动个人的发展,进而可以促进整个国家的发展,现代化的进程就会很顺利。

第二种构想实际上是第一种的改良版,其提出的背景是第一种理论构想在实践中的效果不佳。在不少发展中国家,媒介不仅未能促进经济与社会进步,反而成了权贵集团进一步控制社会的有效工具。鉴于此,有学者开始修正上述观点,强调在发展过程中,第三世界国家不能完全照搬西方的做法,而要充分考虑所在国的基本国情,把自己特定的文化形态仍然视为主导力量,只有通过基层社会这一渠道并与传统的传播网络相结合才能发挥出媒介的应有效力。

上述两种理论构想都是从西方国家的角度来观察和解决问题的,代表的也是西方的价值观和利益。在20世纪70年代开始的关于国际传播秩序的争论过程中,第三世界国家对西方国家对东方国家毁灭传统并进行文化污染、文化侵略的行径以及传播霸权等进行了激烈的批判。《多种声音,一个世界》(又称为"麦克布莱德报告")便是这一理论构想的标志性成果。其基本观点是:

① 不平衡是现行国际信息秩序的基本特征,这种状况必须加以改变;

② 媒介的过度集中垄断必须消解;

③ 必须从内外清除某些障碍以保证信息与观念的自由平衡流通;

④ 保障信息来源与传播渠道的多元化;

⑤ 应保障新闻工作者的自由,自由与责任不可分割;

⑥ 发展中国家要提高改变现状的能力;

⑦ 发达国家应为实现上述目标显示自己真正的诚意;

⑧ 必须尊重不同民族的文化特点,以及各民族向世界人民传达自己利益、愿

望以及社会文化价值的权利;

⑨ 必须尊重所有国家的人民在平等、公正、互惠的基础上参与信息的国际交流与交换的权利;

⑩ 任何民族、种族、社会群体以及个人都拥有接近信息来源以及积极参与传播过程的权利。

简言之,就是要采取适当措施,打破西方媒介对世界信息市场的垄断,进而摆脱发展中国家在政治、经济和文化领域对西方国家的依附地位,维护信息主权,实现对本国信息生产与流通的自主管理。

第七章 受众分析

任何媒体发出的信息都应有相应的接受对象,否则传播就无法进行。书籍、报刊的接受对象是读者,广播的接受对象是听众,电视、电影的接受对象是观众,网络信息的接受对象是网民——这些接受对象就是受众。受众既是信息的接受者,也是传播效果的检验对象。任何传播都要关注受众,了解受众的特征和需求,理解受众对于理解整个大众传播具有重要意义。因此受众研究历来是传播学重要领域之一。近百年来,学术界从社会学、心理学、新闻学、政治经济学、接受美学、传播学等各学科的角度对受众及其媒介接触行为进行了全面深入的考察,成果丰硕。

目前国际传播学界对受众研究的取向有两种分类方法,一是詹森和罗森格伦提出的五类受众研究取向,二是麦奎尔提出的三类受众取向。前者包括效果研究、使用与满足研究、文学批评、文化研究和接受分析;后者包括"结构性"受众研究、"行为性"受众研究以及"社会文化性"受众研究。

五种研究取向按照学科分类又分为三大类:效果研究、使用与满足理论属于社会科学;文学批评与文化研究属于人文科学;接受分析既属于社会科学,也属于人文科学。效果研究主要分析媒介对受众产生了什么影响(将在第八章详细分析),使用与满足理论研究的是"人们怎样使用媒介"(本章将重点阐述),文学批评关注的是作品的结构,文化研究主要是探讨大众文化,接受分析研究的是文本的接受条件、接受过程和接受程度等问题。

麦奎尔的三种研究取向实质上是上述五种研究取向的简化版。其中,"结构性"受众研究注重测量方法的运用,重点探讨"大众传媒系统与个体媒介使用之间的关系",即综合分析受众的观点、态度、行为等与媒介有关的使用数据以及人口统计数据,探讨一个时期内受众在不同频道和不同内容之间的"流动"情况。在此基础上,分析受众的媒介使用行为与其相关社会背景特征之间的关联。同时,对受众的不同类别进行划分,从而精确检测受众对各种媒介及其产品的满意度和信赖度。此方法有利于研究传播效果。

在麦奎尔看来,使用与满足理论属于"行为性"受众研究,该研究探讨的是媒介效果和媒介的使用情况。像"枪弹论""有限效果论"等也是"行为性"研究。而文化研究和接受分析则属于"社会文化性"受众研究,该研究采用的是定性的、民族志的研究方法,把内容、接受行为和语境结合起来进行综合考察。

第一节　受众概说

一、受众的定义

"受众"一词,原意是指布道集会时的听众。但作为社会活动的成员,其最初的起源是指古代体育比赛、戏剧和音乐表演的观众,现在则是泛指所有媒体的信息接受者。

令人奇怪的是,虽然受众问题很重要,但在传播学的研究历史上,并没有纯粹的受众理论。很多受众问题的研究都是和传播效果联系在一起的。例如,早期魔弹论的相关概念源于大众社会理论——信息接收者被视为分散、孤立、匿名的"乌合之众"。在这里,受众指的是人数庞大的人群。魔弹论的实质就是把受众看作被动的信息接受者,即被动接受信息的人被称为受众,而传播者是居于中心地位的。随着研究的发展,特别是信息技术对传播的影响,受众在传播过程中的角色有了很大的变化。传播学者们渐渐发现受众并不总是以个体形式出现,他们也有一定的组织性,并不是单纯的、被动的接受者,他们可以是信息的搜寻者、咨询者、浏览者、反馈者、对话者、交谈者,是信息产品的消费者即"市场";受众也不都是同质的,不同的受众对于同一传播信息会产生不同的反应;他们也是一个有着自己权利的社会主体。此后,受众在传播过程中的作用开始受到重视。例如,英国著名的文化研究学派——伯明翰学派的受众观念就是这样演变的:受众对信息的使用历程:"被定性解读"—"倾向性解读"—"多样性解读"—"抵抗性解读"。

其实,除了大众传播以外,其他类型的传播很少有"受众"这个说法。由于传播学主要研究的是大众传播,在这里还是很有必要给受众下一个相对准确的定义。所谓受众,乃是大众传播过程中信息接收者的总称。从宏观上来看,受众是一个巨大的集合体;从微观上来看,是具有丰富的社会多样性的人。克劳斯认为受众按其规模可分三个层次:特定国家和地区内能接触到传媒信息的总人口(最大规模);对特定传媒或特定信息内容保持定期接触的人;既接触了媒介内容,又在态度和行动上实际接受了媒介影响的人(有效受众)。这一分类方法对于我们认识受众颇有参考意义。

二、受众的特点

1. 众多性

也称为广泛性,这里指的是受众成员人数众多和地域分布上的广泛性。大众传播媒介辐射面广,是面向全社会甚至全世界开放的。从广义上讲,所有社会成员都是大众传媒现实或潜在的受众群,无论肤色、种族、性别、年龄、职业,这时他们都只有一个共同的身份——大众传媒的受众。多种大众传播媒体的强大辐射能力也使受众超越了地域的间隔,在相同或相近的时间里,相约或不约而同地成为大众传媒信息的接受者。

2. 分散性

这是与受众的人数众多、区域宽广的特点密不可分的,他们互不相识又彼此隔离,但他们都是大众传媒的受众。

3. 混杂性

受众成员在性别、年龄、语言、文化背景、价值观、兴趣爱好、个性等方面千差万别,具有参差多元的特点。

4. 自主性

大众媒介众多,表现形态各异,受众可以根据自己的时间、兴趣爱好自主选择在哪一个时间段、使用哪一个媒体、用什么方式接受什么信息内容,以及如何理解信息内容。比如是看电视还是上网,是看体育频道还是教育频道,这些全由受众自己决定,是大众传媒无法控制的。还有,由现代技术装备起来的大众媒介与受众可以不在同一个时空,因此大众传媒只有通过提供满足受众兴趣和需求的内容来吸引他们。

5. 隐蔽性

隐蔽性也称为不确定性。由于人数众多,分布广泛,尤其是无法全面、准确了解受众接触媒介的具体情况,两者之间的信息是不对称的。因此,尽管有时候分散的受众成员也采用各种形式直接、间接参与大众传媒工作,如受众参与节目,来信、来电反映意见和要求,或参与、接受媒体组织的受众调查等,但在总体上,受众对于新闻媒介来说是不见面的,是一种不确定的隐蔽存在。与此相反,受众对媒体却非常熟悉。

三、受众类型

依据不同的分类标准,受众可以划分为不同的种类。

1. 按照接触的媒介类别来划分

可以划分为报刊读者、广播听众、电视电影观众以及网民等。当然现当代的许多受众都不是单一媒体的受众,而是跨媒体受众,不好绝对划分。

2. 按照人口统计学原理来划分

受众群体内部可以按照性别、年龄、职业、地域、教育水平等划分为不同的群体,如老年受众和中年受众。

3. 按照传播——接受关系的角度来划分

可以分为稳定(忠诚)受众和不稳定(游离)受众,或者分为积极受众和随意受众。

4. 按照受众不同信息的需求来划分

可以分为一般受众(只收不传)和特殊受众(既收也传,如翻译、意见领袖)。

5. 按照接触新闻媒介的确定性来划分

可以分为预期受众(目标受众)、现实受众和潜在受众。

6. 按照新闻媒介明确的传播对象来划分

可以分为核心受众和边缘受众。

7. 按照对待传播者和信息的态度来划分

可以分为俯视型受众(如评委、老师、官员)、仰视型受众(如粉丝、学生)和平视型受众(普通受众)。

四、受众的角色

既然受众是传播活动的重要一环,那么其社会角色到底有哪些呢?对此问题,传播学界和社会学界从不同角度对受众进行了分析。有学者认为,受众是社会群体的一员,其群体背景或社会背景是决定他们对事物态度和行动的重要因素,有时甚至超过大众传播的影响。也有学者认为,受众即市场。例如,麦奎尔曾指出,从市场角度,受众可定义为特定的媒体或信息所指向的、具有特定的社会经济侧面像的、潜在的消费者集合体。还有的学者认为,受众是一个享有传播权、知晓权、传媒接近权和反论权的权利主体。邵培人等人认为,概括起来,受众的角色包括以下几种。

1. 受众是信息的解读者

任何信息一旦到达受众那里,受众就根据自己的立场、偏好来理解该信息包含的意义。不同的人对同一个信息的理解是不一样的,一千个读者心里就有一千个哈姆雷特;《红楼梦》是个什么类型的小说,也有很多不同的看法。

2. 受众是传播活动的参与者

传播总是有方向、有对象的,对象就是受众,没有受众也就无所谓传播,或者说传播没有任何意义。受众有媒介接近权、知情权、表达权与监督权,在传播活动的各个阶段都应该有受众的参与。

3. 受众是主导者

任何传播都是追求传播效果的,而要做到效果满意,传播者就必须了解受众的特征、爱好、职业和需求,然后再选择相应的传播方式和内容。从这个意义上来说,受众是传播的主导者。

4. 受众是信息需求的活跃主体

受众人数众多,且常常不同程度地受认知心理、好奇心理、从众心理、表现心里、移情心理等因素的影响,导致其需求多样且多变,这是传播者必须要了解的受众角色。

5. 受众是文化市场的真正主人

当今时代,媒体是市场化运作,竞争对手众多,竞争激烈,受众有选择权,因此只有满足受众需求的媒体才有可能生存下来,受众是文化市场的真正主人。

第二节　几种主要的受众理论

一、个体差异论

该理论认为,由于个性间的差异,不同的受众对媒介的注意力、对信息的理解和接受也就不同,反应(所采取的行为)也就千差万别。最早提出这一理论的是霍夫兰(1946),后来由德弗勒加以完善。德弗勒认为个体差异包括以下几方面:心理结构、性格与经历、价值观与信仰、个性等。

他认为,个体差异论在提高大众传播的针对性方面是有参考价值的。

二、社会类型论

个人差异论认为,大众传播媒介在进行传播时,需要先了解受众的兴趣、需要、价值观、态度等信息,然后进行针对性的传播,这无疑是正确的。但这仅仅是针对个体的受众而言,而大众传播往往针对的是社会群体成员。那么很显然,要想使传播有效,就需要深入了解受众所属群体的特征。

最早从事社会群体与大众传播之间关系的是赖利夫妇,他们在1959年所发表的《大众传播与社会系统》中提出,由于受性别、年龄、种族、受教育程度、职业、宗教信仰等因素的作用,会使各个不同的个体受众在社会交往中形成不同的类型。每一种社会类型的人都具有各自的信念、价值观、行为特征、思维方式与生活方式。同一个社会类型的受众对同一类信息会有相近似的反应,而不同的社会群体对相同的信息也会有不同的反应。例如,老年人会对养老金问题有类似的看法。多数女性认为逛街是很有意思的活动,而多数男性却不这么认为。如果大众传媒能够针对社会群体的这一特点,编辑、传播有针对性的信息,就能够产生较好的效果。

三、社会关系论

较早提出这一理论的是拉扎斯菲尔德,他为此所做的一系列研究导致了"意见领袖""两级传播"等成果的出现,后来罗杰斯又推出了"创新扩散"理论,这些理论都是从社会关系的角度论述大众传播的效果。

该理论认为,受众一般都有自己相对固定的生活圈或社会关系,这个社会关系网把受众连结成一个相对固定的整体,因而他们在接受信息的过程中不可避免地受到所属生活圈的影响。这种影响主要表现在,在信息接收前,生活圈的价值观会影响受众对某类信息的接触频度;在信息接收过程中,会对信息进行事先的"把关"。

四、选择性理论

该理论认为,受众在接受信息时,一般会根据个人的意愿和需求来进行相应的选择,要么拒绝,要么选择其中一部分或几部分,要么侧重其中一部分或几部分,要么故意曲解信息,从而与自己的认知相协调,即对信息进行选择性接触、选择性理解和选择性记忆。

对于每一个受众而言,需要尽管是各不相同的,但都可以分为精神需要和物质需要。物质需要的满足是通过收集信息并进行物质交往活动实现的,精神需要的满足则是通过精神交往和信息交流实现的。

1. 选择性接触(选择性注意)

注意乃是对一定对象的指向和集中,这是一个取舍的过程。传播过程中的选择性注意,是指受众依据一定的目的或需要、习惯,或便利性等,去注意那些符合自己的观念、态度、兴趣和需求的内容,"看自己想看的",而回避那些不相符合的内容。如果某人只是想买苹果手机,他就会关注相关的广告信息,而不会或者较少关注其他信息。

施拉姆认为,文化与环境在个人选择信息路径时发挥着重要作用。他还提出了一个解释个人选择传播路径的或然率公式:

选择的或然率=可能的报偿÷费力的程度

公式中"可能的报偿"指传播内容满足选择者的需要的程度,而"费力的程度"则指得到这则内容和使用传播途径的难易状况。

人们选择不同的传播途径,是根据传播媒介及传播的信息等因素进行的。人们一般会选择最能充分满足需要的途径。而在其他条件完全相同的情况下,他们则选择能够最方便,最迅速满足其需要的途径。人们选择信息时如此,选择使用媒介途径时也是如此。受众之所以选择这个媒介(或信息)而不选择其他,从公式中即可比较得出。

该公式十分简明,应用性强。电视节目内容的编排和广告的投放等方面,都可参考受众可以得到的"可能的报偿"(即满足程度),以及"费力的程度"(即内容的易得性)。满足程度越高,而费力程度越低,则或然率就越大,受众就越容易选择这种媒介或信息。

2. 选择性理解

大众传播时代是信息爆炸的时代,无孔不入的信息让人们很难完全做到对其进行选择性接触,那么他们就会求其次,采取选择性理解的方式。选择性理解就是受众根据自己的经验、偏好和价值观对接触到的信息进行过滤并做出自己的理解或结论。如贝雷尔森和斯坦纳所言,理解是一个复杂的过程,受众在此过程中对感受到的刺激加以选择、组织并解释,使之成为一幅现实世界的富有含义的统一的图画。这种理解可分为符合传播者意图的创造性理解、不符合传播者意图的歪曲性理解和混淆符号世界与现实世界差别,即把符号当作真实的卷入性理解。比如,如果他喜欢苹果手机,就会对那些苹果手机的正面评价信息表示赞同,至于那些负面信息,则倾向于认为不正确或者归结于竞争对手的攻击言论;网婚网恋即属于典型的卷入性理解。

3. 选择性记忆

所谓选择性记忆,是指受众在解读信息的基础上,把自己最感兴趣、最有意义或者最符合自己利益的内容留在脑海中。

在日常生活中,我们经常可以看到,媒介信息若让受众感兴趣、受感动或者经过受众的加工或创造,就更容易被记牢;相反,则很容易被忽视和遗忘。此外,信息的特征和表现形态也会影响记忆。有学者研究后发现,主题突出的信息更容易被记忆,重要人物、重要事件的信息也容易被记忆。最后,不同的信息载体也会影响记忆效果。有多个表现形式(如影像、图片、音乐)的信息比单一表现形式的信息更容易被记忆。

五、使用与满足理论

以上几种受众理论虽然有侧重,但有一个共同点,那就是把受众视为被动的、被媒体摆布的群体。后来有研究者发现,在实际的大众传播活动中,情况并非如此。他们从社会心理学的角度来分析受众后发现,受众成员是有着特定"需求"的个人,其媒介接触活动是基于特定需求动机来积极主动地"使用"媒介,从而使这些需求得到"满足"的过程。在这个过程中,媒介的角色类似于自助餐厅,仅仅是为顾客(受众)提供尽可能可口的饭菜,至于受众吃不吃,吃多少,满意与否,餐厅(媒介)是无法控制的。因而,媒介对受众的影响是有限的。

1959年,卡茨在一篇文章中首次描述了使用与满足研究。他指出,此前的大部分传播研究都围绕着"媒介对人们做了什么"这个问题,即把大众传播仅仅看作是说服问题,如果继续维持这种局面,将出现贝雷尔森所说的"传播研究看来行将就木"的情形。因此,他建议将这个领域的研究问题改为"人们用媒介做了什么"。

其实,早在20世纪40年代,有关的此类研究就有萌芽。当时研究者对受众多喜欢收看那些格调低下的信息内容感到迷惑不解,于是开始了对受众的媒介接触行为及其动机的研究,研究对象涉及广播、电视、印刷等媒介。

美国的赫卓格研究广播媒介后发现,有三种基本心理需求使得人们喜爱知识竞赛节目,这就是竞争、求知、自我评价;而肥皂剧既可以娱乐大众也可作为人们现实生活的教科书。例如,广播听众收听广播剧可以使自己的情感得到宣泄,甚至可以逃避现实。由此可知,受众接触媒介的动机是多样的。

贝雷尔森对印刷媒介的研究表明,人们读书的动机包括实用、休息、向人夸耀、逃避现实等;对于一般读者而言,报纸可以有6种利用形态,即信息来源、生活工具(如时尚、食谱、天气预报等)、休息手段(放松自己)、提高社会声望(了解公共事务以增加谈资)、社交手段、生活习惯等。

麦奎尔则认为,电视节目对于观众的功效包括以下几个方面。

第一,心绪转换效用。电视节目可给观众提供休闲和娱乐。

第二,人际关系效用。电视可以把环境与现实作参照。

第三,自我确认效用。电视可以提供自我评价的参考框架。

第四,环境监测效用。观众可以通过电视节目获取信息,及时把握周围环境的变化。

赖利夫妇关于把传媒提供的儿童探险故事用作集体游戏的一项研究表明,不同的人把吸收相同的大众传播信息用于完全不同的目的。

不过以上的研究只是局限于表面现象的观察,尚未涉及问题的根本,因而在传播学界也就没有太大的影响。

真正改变这种局面的是鲍尔。1964年,鲍尔发表了《固执的受众》一文,指出应该改变研究方向,从受众的角度来进行传播研究,即探讨"受众如何处理信息",以及对整个传播过程的决定性作用。

同年,布鲁姆勒和麦奎尔对英国大选期间观看政治节目的观众的动机进行了深入调查,其目的是"发现为何要收看或者不收看政党广播;他们利用广播想获得什么;在电视上表现政治人物的各种方法中,他们偏爱哪些"。此外,还想通过对电视观众收视动机分类,了解态度改变与接触宣传之间存在什么别的关联。1969年,他们的研究成果以《电视与政治及其作用与影响》的书名出版。研究结果表明:

① 大众传播能否取得效果,取决于传播者、受众之间的关系,以及受众的需要与动机。

② 一般受众总是积极主动地并有选择地使用大众传播媒介,以满足个人的某些需要。

③ 受众的动机和需求是多种多样的,主要包括转换心绪、调适人际关系、自我评价与监测环境。例如,人们收看政治节目是为了了解政治事务。

④ 即使某种需求得到满足,其他的需求依然会促使他观看政治节目,以强化原有的政治态度。

⑤ 只要大众传播能满足受众的要求,就可以获得较好的效果。

受众接触媒介是为了满足自己的需要和动机,但这种接触不是随意的,要受到其所处的社会环境所制约。这些包括社会制度、文化类型、受众的社会地位、价值取向、人际关系等诸多因素。

1973 年,卡兹等人把归纳的大众媒介受众一般会有的 35 项需求划分为五大类。

① 认知的需要:获得信息、知识和理解。

② 情感的需要:情绪的、愉悦的或者美感的体验。

③ 个人整合的需要:加强可信度、信息、稳固性地位。

④ 社会整合的需要:加强与家人与朋友等的接触。

⑤ 舒解压力的需要:逃避和转移注意力。

1974 年,卡兹等人发表《个人对大众传播的使用》,把受众的媒介接触行为概括为下列所示的因果链锁过程:

① 社会因素+心理因素导致的某些需要

② 引发对大众媒介或其他来源的期待

③ 由此产生不同模式的媒介接触行为或其他活动

④ 导致需求的满足或其他结果(多属于无意获得的结果)

在此基础上,他们提出了一个"使用与满足"过程的基本模式(后来日本学者竹内郁郎对这一模式作了补充,见下图)。

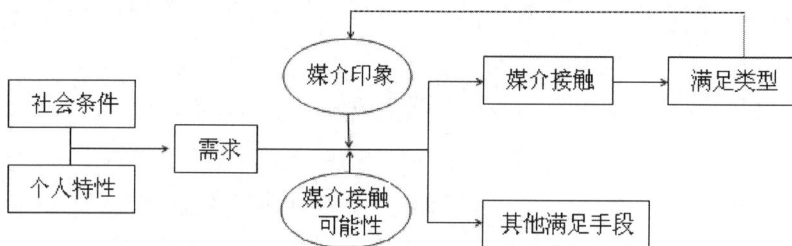

竹内郁郎"使用与满足"模式图

在此模式中,受众使用媒介是一种有目的的行为,而且需要的满足与媒介的选择是联系在一起的,这一模式的含义如下。

① 人们是出于一定的社会和心理因素来接触媒介的,其目的是为了满足他们的特定需求;

② 要想接触媒介,需要有两个基本前提,第一个是能不能接触到这个媒介,或者说与媒介接触的可能性有多大;第二个前提是受众对此媒介的印象如何。

③ 根据媒介印象,人们选择特定的媒介或内容开始具体的接触行为。如果不可能接触到这个媒介,即使印象再好,也不可能发生实际的接触行为。同样,如果对此媒介印象不好,即使媒介就在手边,也不大可能发生接触行为。

④ 人们接触行为的结果可能有两种,即需求满足与否。

⑤ 两种结果都将影响以人们后的媒介接触行为,人们会根据满足的结果修正既有的媒介印象,在不同程度上改变对媒介的期待。如果满足了需求,会继续接触此媒介;如果对需求不满足,则不再或较少接触此媒介。

至于如何区分受众需要与满足的类型,则有不同的观点。有的学者认为可以分为即时的满足和延时的满足;有的学者则分为信息—教育的灌输与幻想—逃避的娱乐。

1993年,波尔斯等人在前人研究的基础上,归纳了大众传播、人际传播或以电脑为中介的传播可以满足的各种需求:放松;娱乐;忘掉工作或其他事情;与朋友交往;获知自己与别人的事情;消磨时间(尤其是无聊的时候);寻求刺激;降低孤独感;满足一种习惯;让其他人知道自己在乎他们的感情;让某人为自己做某事。

使用与满足理论在传播学研究史上具有重要的意义,它改变了过去从媒介角度考察传播过程的思维定势,强调了受众在信息接收过程中的主体地位。但该理论有一个重大缺陷,那就是缺乏严谨的理论体系来作支撑。另外,该理论过于强调个人和心理的因素,对"需要"的定义也太过宽泛,没有深入受众需求满足的前提条件,且对受众能动性的认识仅限于内容接触方面(即使如此,其观点也不完全正确。例如,有研究表明,观众看电视一般并不是主动的,而是被动的、放松的,注意力也不集中),不能全面揭示现实生活中受众与传媒的社会关系,尤其是忽略了对受众个体与社会群体或社会关系、个人意愿和历史趋势之间的紧密联系的深入考察。

事实上,人类的需要与动机是极其复杂和隐蔽的,受众在接触媒体信息以前,并不总是知道自己需要哪些信息(如网民),如果研究者通过调查问卷来了解受众的需求,难免有误导之嫌,其真实性值得怀疑。退一步说,即使受众知道自己需要哪些信息,媒体也未必可以如数提供。正像在自助餐厅一样,顾客虽然可以自主挑选,但选择的饭菜也是在餐厅能够提供的范围之内,并无什么真正的自主权。更何况,顾客(受众)的口味在自助餐厅(大众传媒)的长期培养下也已习惯了餐厅的风格。大众媒介的信息往往倾向于强化社会中的主流世界观,受众并不能自由地选择媒介的内容和他们需要的解释。从这个意义上来说,媒体由谁掌握,为何提供这样的信息,才是问题的核心和根本,传播者的动机比受众个人的动机更值得研究。

正是由于使用与满足理论有上述不足,后来,鲁宾和温德尔等人提出了一种新模式——使用与依赖模式,把使用与满足理论与依赖论相结合,把个人置于社会系统之内。他们认为,这些系统有助于形成受众自己的需要。

此外,20世纪90年代以来的有关研究表明,某些时候受众接触媒介信息是理性的、有选择的;有时候接触媒介确实是感性的,不加选择的,纯粹是为了放松或逃避。在这种情况下,很难界定他们的接触行为是主动的还是被动的。正确的做法是把他们当作一个变量来看待。

上一章介绍的斯蒂文森游戏论在某种程度上也可以视为使用与满足理论的一个"同道"。该理论认为:

现代社会激烈的竞争加大了人的精神压力,疏远了人与人之间的关系,传媒无疑是一个可供选择的情绪发泄渠道,它的娱乐功能具有发泄情绪的替代作用。人们之所以读报,主要是因为报纸可以给人带来快乐,而不是为了了解新闻或者满足求知欲(因为绝大多数新闻与公众生活没什么关系,甚至很多时候读者还会阅读已经知道了的新闻）。读报不仅成为了读者生活中的一个仪式，更主要的是可以自由地选择自己喜欢的内容。新闻更多的是为受众提供娱乐，这种乐趣既来自新闻，也来自接受新闻活动本身。

无论是使用与满足理论，还是游戏论，都很关注受众在新闻解读过程中的主动性这一问题。在实际生活中，受众解读新闻信息的情况很复杂。相关研究表明，受众在解读那些与自己无关的受众的新闻时，一般立场是中立的。但受众在解读那些与自己有关或者亲身经历的新闻时，常常怀疑新闻媒体的公正性、可行性，即产生敌对效应。这说明，个人对一些争议性议题的立场会直接影响新闻受众对媒体有关议题报道的看法，受众会认为新闻媒体对自己一方的观点报道不充分或带有偏见。此外，作为社会不同群体和利益集团的成员，受众也常常认为新闻中有关自己群体或集团的报道不利于自己一方，尽管其他受众并不这么看。有时候这种偏见对传播效果的影响是不容忽视的。

第八章 效果分析

　　人类进行传播活动,都是带有一定的动机和目的的,也就是说希望传播能引起对方的某种或某些反应,从而达到一定的效果。传播学中,研究如何取得最佳的传播效果是最重要的课题,也是学者们最感兴趣的一个领域。大众传播理论在某种程度上可以看作是关于传播效果的理论,没有效果理论也就没有什么传播学。事实上也是如此,迄今为止的绝大部分传播学的研究成果,都是围绕传播效果这一核心问题展开的。在传播学的诸多学术门派中,经验学派影响最为巨大,其笑傲江湖的绝技乃是成果丰硕的效果研究。在这些成果中,内容多涉及怎样有效地劝服受众并改变其态度。

第一节　传播效果的概念、类型和形成因素

一、传播效果的含义

1. 传播效果的概念

　　所谓传播效果,简单来说,就是传播行为所能带来的反应,其内容结构大致包括知识、智能、价值、态度和行为五大方面。

　　传播效果有下列两方面的含义:

　　从微观方面来看,指的是带有说服动机的传播行为在受众身上引起的心理、态度和行为的变化,通常意味着传播活动在多大程度上实现了传播者的意图或目的。或者说是指个体在接触媒介后的与个体的态度、信息和行为的改变有关的短期效果。早期的效果研究主要是围绕这些方面展开的。

　　从宏观方面来看,指的是大众传播媒介的活动对受众和社会所产生的一切影响(直接或间接、有意或无意、明显或潜在)和结果的总体。即媒介在影响社会历史、塑造文化性格、左右价值观念和行为模式诸方面的潜能,也就是大众传播对思维方式、生活方式等较为广泛的行为领域的影响。例如,社会控制(促进遵守已经

建立的秩序或行为模式的效果,一般通过意识形态和宣传的方式支持现存权威的合法性)、现实的解释和意义的建构(类似于社会控制,但更多地与认知结构和解释框架有联系)以及文化变化(导致价值观、行为和象征形式的变化,如社会的一个部分或一套社会的总模式的转换。这种效果与社会的"离心力"或"向心力"有关。例如,文化认同的加强或削弱)均属于此。正如麦奎尔所概括的那样,这种宏观效果是指:

对社会角色和规范的非正式学习(社会化);

基本社会价值观念的传送与强化;

媒介传达不明确的意识形态的趋势;

意见气候的形成;

社会中知识分布的差异;

文化、机构甚至社会结构的长期变化。

简言之,传播效果的第二个含义就是指传播(尤其是大众传播)的环境认知、价值形成和维护以及社会行为示范效果,这是后来传播效果研究的主要趋向。

2. 传播效果的特征

(1)积累性

有的传播活动能产生迅速的反应,但大多数传播活动并无此功效,需要持续不断地积累才能呈现。例如,广告往往需要持续进行才有可能打动消费者并产生实际购买行为。

(2)隐蔽性

传播所形成的效果在多数情况下并不明显。例如,学校对学生的教育,其影响往往是潜移默化的。

(3)稳定性

传播效果一旦形成,往往会持续相当长的一段时间,不会轻易改变。例如,通过观看某个明星的表演而喜欢该明星,这个倾向可能是长期的。

(4)两面性

任何传播活动都包含不同程度的正效果、负效果。或者说,存在与传播者意图相符的预期效果和与传播者预期相反的非预期效果。

二、传播效果的类型

传播效果的含义很丰富,涉及的层面也较多,其类型划分也较为复杂。英国学者 P.戈尔丁,曾依据传播的时间和意图标准划分出四个类型。

第一,短期的预期效果(对媒介集中宣传报道的个人的反应);

第二,短期的非预期效果(与传播者意图无关,个人的自发反应和集合的自觉反应,可能有益或有害);

第三,长期的预期效果(与传播者意图相符的积累效果,如知识的传播及技术与发明的推广和普及等);

第四,长期的非预期效果(整个传播事业日常的、持久的传播活动产生的综合或客观效果,个人社会化、媒介的社会控制、媒介与社会变革等)。

以上观点对学术界影响颇大。但较为笼统。目前,学术界一般有如下几种更为细致的划分方法。

1. 根据效果不同传播主体来划分

可以分为电视效果、网络效果、报刊效果、广播效果等,均属于媒介效果。

例如,在大众媒介新闻影响下的短期认知效果(可通过对受众的回忆、认识和理解的测试进行检验)、媒介运动效果(在大众媒介中使用有组织的方式对选择的对象进行说服或宣传,最普遍的例子是在政治、广告、筹集资金和关于安全的公共宣传中。其特点是有明确的和公开的目标和一个有限的时间跨度以及关于有效性的公开评价;他们有官方的赞助,他们的目的倾向于与舆论价值相一致,与政府机构的目标相一致;他们的目标人群通常是广阔的和分散的)。

2. 根据传播主体的信誉和权威来划分

可以分为品牌效应(名人效应)、非品牌效应等,均属于传播主体效果。

3. 根据传播效果构成来划分

可以划分为知识积累效果、智能形成效果、价值建立与维护效果、态度强化与改变效果和行为促进效果。

4. 根据传播反应来划分

可以划分为顺意效果、逆意效果,也就是观点和价值效应。

5. 根据传播者的意图来划分

可以划分为预期效果、非预期效果。

6. 根据传播对象或传播层面来划分

可以划分为个人效果、群体和社会效果,即传播对象的属性对效果的影响。

群体效果或集体效果是指某些个人反应效果被许多处于同一情况或环境的人所体验,导致共同的行动,而且通常是意料之外或非组织的类型。恐惧、焦急和愤怒是最有代表性的表现形式,能导致民众的恐慌和动乱。

7. 根据效果产生的时间来划分

可以分为短期效果、中期效果和远期效果。

8. 根据效果的影响层次来划分

可以分为认知(关注、记忆、知识)效果、心理和态度(认识、观念、爱憎、立场)效果、行动(支持、反对)效果。

三、传播效果形成因素

根据邵培仁等人的研究,传播效果的形成受到多种因素的影响和制约。主要包括以下几点。

1. 人的因素

作为传播的主体和受体,人的因素对传播效果的形成具有巨大的作用。具体来说,作为把关人的传播者、守门人、中介和受众都会影响传播效果。

2. 信息因素

信息的快慢、真假、新旧、结构、表现方式以及实用、清晰与否,都会影响传播效果。

3. 媒介因素

不同性质的媒体会产生不同的传播效果,如有声音和图像的电视就比广播的传播效果好。权威媒体声音比小道消息的传播效果好。

4. 环境因素

不同的社会环境、物理环境与心理环境都会影响传播效果。常言道"到什么山唱什么歌""入乡随俗",就包含有这个意思。因为,只有根据传播对象的实际情况进行有针对性的传播,才可能产生相应的效果。

第二节 传播效果研究主要历程

纵观传播效果研究的历史,大致可以分为以下几个时期。

第一时期是20世纪30年代末,也就是传播效果研究初级阶段。盛行"强效果论"(也称为"皮下注射论""枪弹论""魔弹论")。

第二时期是20世纪40年代到50年代初的第二阶段。流行传播效果"弱效果论"。

第三时期是20世纪60年代盛行的是"适度效果论"(条件效果论)。

第四时期是20世纪70年代后的第三阶段。传播效果"新强效果论"(分层效果论)流行。这一时期成果较多,其影响也较大。

根据麦奎尔的概括,上述大众传播效果的研究主要有三种理论:

第一种是"常识理论",也就是社会公众在日常亲身接触和使用传媒的过程中所形成的观点和看法。

第二种是"现场理论",也就是媒体人的观点,包括其对传播活动的目的与性质的理解、信息选择与加工的标准、采编业务技术规程、职业道德规范等。

第三种就是以传播学为代表的"社会科学理论",这一理论从个人、社会与媒介的三者关系出发,通过对媒介活动及其客观结果的定量、定性研究获得的系统知识。

尽管历史上传播效果研究涉及范围较为宽泛,但基本上还是主要围绕下列议题来展开的:

① 传播主体与传播效果;

② 传播内容与传播效果;

③ 信息载体与传播效果;

④ 传播技巧与传播效果。

一、强效果论

大众媒介出现初期,其独特的魅力和功用深刻地影响了普罗大众对媒介的认知,人们对大众传媒趋之若鹜,疯狂地追逐和迷恋。强效果理论(又名枪弹论、魔弹论、皮下注射论)就是在这一时期产生的并成为当时社会的一种流行认识。其基本观点是:

大众传播具有巨大的威力和显著效果,大众只要受到大众传媒的信息冲击,就像被枪弹击中躯体、药剂注入皮肤一样,能引起直接、速效的反应,如改变某种态度、认同某种思想、表现某种行为等。对此,拉斯韦尔在其名著《世界大战的宣传技巧》一书中有生动的论述:

小原始部落可以通过击鼓和剧烈节奏的舞蹈把异质的成员铸成一个战斗整体。在激昂的狂舞中,年轻人被带到了战争的沸腾点,男女老少都为部落意志如痴如狂。

在大型社会,用战舞的火炉把任性的个人融为一体已不再可能。必须用新的更微妙的手段将成千上万甚至百万人铸成一个具有共同仇恨、意志和希望的大集体。新的火焰必须烧尽分歧的溃疡,锤炼钢铁般的战斗热情。社会团结的这一新锤砧的名字是宣传。

枪弹论的出现,是当时特殊的社会环境所造成的。除了上述的大众传媒这一新兴事物对人们的巨大冲击例外,第一次世界大战的宣传战和两次世界大战之间的特殊紧张气氛也对之有重大影响。此外,也与当时大众社会理论与本能心理学(即行为主义)的盛行有关。

20世纪上半叶,纳粹宣传家们有效地控制了大众媒体,让数以百万计的以冷静、智慧和严谨著称的德国人听信了他们的观点,宣传的巨大效用让人们印象深刻。

大众社会理论中的大众指的是乌合之众,即个人与周围社会秩序的关系。其有三个特点:第一,心理上,个人处于与他人隔绝的疏离状态;第二,人们的相互交往中非亲身盛行;第三,个人较自由,不受非正式社会义务的束缚。

大众传播中的"mass"也有三层含义:第一,指规模庞大的传播机构;第二,指大批复制的传播内容;第三,指人数众多的传播对象。大众传播乃是规模庞大的传播机构对乌合之众进行的信息轰炸。

大众社会理论认为,工业化之前的社会是礼俗社会,人际关系建立在亲情、血缘和传统之上,关系亲近,人情味浓郁。工业社会则是法理社会,工业社会因专业分工的客观要求导致人际关系越来越疏远,社会成员成为孤立无援且容易被左右的"乌合之众"(霍克海默、阿多尔诺把大众称为"自愿的奴隶",萨特称之为"他我")。而媒体是社会中的一个强大力量,能够颠覆传统社会基本的价值观和行为准则,并以此破坏社会秩序。媒体能够直接影响普通人的大脑,改变他们对世界的看法。一旦那些孤立的原子似的个人的思想被媒体所转变,就很可能产生不良的长期后果,破坏个人的生活并产生大量的社会问题,甚至会引发社会混乱,导致威权社会的出现。不仅如此,大众媒体还会损害文化的高端形式,使文明堕落。为避免出现这种情形,媒体必须置于精英的控制之下。

本能心理学认为,人类的所有行动或行为受其生理本能的"刺激—反应"机制主导,都是对外部环境刺激的条件反射,意识的唯一目的就是在外部的刺激触发了行为之后对行为进行合理化。绝大多数人类行为都是外部条件作用下的结果。正面或负面刺激的条件作用使我们以特定的方式行事——为了获得奖励避免受罚。因此,通过对特定刺激和特定行为之间的联系进行研究,就有可能发现此前不为人知的人类行为的动机。

了解上述背景,就不难理解"枪弹论"。该理论采用本能心理学的基本观点,认为面对强大的大众媒体的信息轰炸,没有方向感和存在感的乌合之众只会乖乖就范。

拉斯韦尔也认为,宣传很典型地是以一种潜移默化的方式影响受众。它通过制造出新的主导符号,来引发人们新的思维方式和行动模式。甚至李普曼也认为,普通大众没有自我管理能力,大众媒体对他们有很强的宣传力量。

显然,作为一种传播效果的研究成果,"枪弹论"过于简单和原始。它不仅把受众视为被动的信息接纳器,无视影响传播效果的各种客观社会因素的存在,也对大众传媒的威力做了过分的夸大。这两个相互关联又互为因果的前提或假设都是与实际情况是相悖的。因而这一理论提出后不久在学术界就基本没什么影响了。不过,作为效果研究的开创性理论,其为后来者提供了许多有关大众传播思想的基础。

二、弱效果论

弱效果论又称为有限效果论,出现在20世纪四五十年代,以拉扎斯菲尔德领导的哥伦比亚大学应用社会学研究所所作的几项著名社会调查成果(特别是"伊里调查")为起点。主要包括以下几部影响深远的经典著作,即拉扎斯菲尔德等人的《人民的选择》、拉斯菲尔德和默顿的《大众传播、流行趣味和组织化的社会行为》、卡兹与拉扎斯菲尔德的《个人影响》、罗杰斯的《创新与普及》以及克拉帕的《大众传播效果》等。这些著作提出的主要观点是:大众传播并没有以前所说的那样对受众有巨大的力量,至多是产生影响的诸多因素之一,并且也不是主要因素(个人、团体以及阶级类型等因素倒是起了很大作用)。简言之,大众传播对受众的影响效果十分有限。例如,伊里调查就表明,美国选民受大众传媒的影响而改变投票意向的比例仅为5%,几乎可以忽略不计。"伊里调查"所引发的主要成果包括:

1. 政治既有倾向假说

在伊里调查的分析中,研究人员设计了一个IPP指数(政治既有倾向指数)作为显示选民原有政治态度的综合性指标。经研究后发现,选民既有的政治立场决定选民的政治决策,而不取决于大众传媒的宣传鼓动,这就是"政治既有倾向"假说。

2. 选择性接触假说

IPP指数分析表明,人们既有的政治倾向影响其媒介接触行为。面对众多的媒介和信息,受众更倾向于选择接触那些与自己的原有立场、观点和态度一致或类似的内容。

3. "意见领袖"和"两级传播"

调查表明,意见领袖(尤其在时尚和公共事务领域)对大众媒介的接触在总体上确实超过一般受众,"意见通常从广播和印刷媒介流向意见领袖,再从意见领袖流向人群中不太活跃的部分"。

这就是说,大众传播并不是直接地流向一般大众,而是在经过那些经常接触媒介、能够对他人施加影响的"意见领袖"或"舆论领袖"这一中间环节之后,再流向一般大众,这就是所谓的"两级传播"。

4. 大众传播效果的五种类型

根据伊里调查的分析结果,研究人员把大众传播可能产生的效果分为五种,即无变化、小变化、强化(巩固与强化受众的既有态度,这是最主要的效果)、结晶(使受众模糊的态度变得明晰)和改变(使受众改变初衷)。

5. 中介因素

"中介因素"这一概念是在《人民的选择》的后续研究《个人影响》(该著作主要研究上述几个假说在政治领域以外是否适用的问题)一书中提出的。该书认为,在传播活动的各环节,客观存在着一些制约和影响大众传播效果的"中介因素"。这些因素对信息的接受与消化发挥着阻碍、回避、歪曲、过滤与抑制的功能。主要包括以下方面:

（1）选择性接触机制（包括选择性注意、选择性理解、选择性记忆三个层次）。即受众因为某种原因对某些媒介或某些内容有选择或回避的倾向，被回避的媒介和内容自然不可能对受众产生效果。

（2）媒介本身的特性（受众接触到的信息渠道或者媒体类型不同，所能产生的效果就会有差异）。

（3）信息内容（媒体所采用的语言与表达的方法和技巧对受众会产生不同的心理反应）。

（4）受众本身的性质（包括受众的既有立场和倾向、社会关系尤其是所在区域或领域的意见领袖的态度等，都会制约大众传播的效果）。

克拉帕认为，中介因素往往会辅助大众传媒强化现状，而不是促成重大变革。只有在以下两种情况下大众传媒才可以帮助改变现状：一种情况是中介因素不起作用；另一种情况是中介因素本身是促进变革的。

6. 创新扩散论

该理论是美国学者罗杰斯所创，源自他的一份名为《创新与普及》的调查报告。该项研究发展了"两级传播"的观念，把大众传播分为两个方面：一是信息流，二是影响流。前者的传播可以"一级"的，直接流向一般受众，而后者则是"两级"甚至多级的（创新者—早期采用者—早期采用人群—后期采用人群—落后者—迟缓者），这样两级传播模式就变为多级传播模式，参见图1。

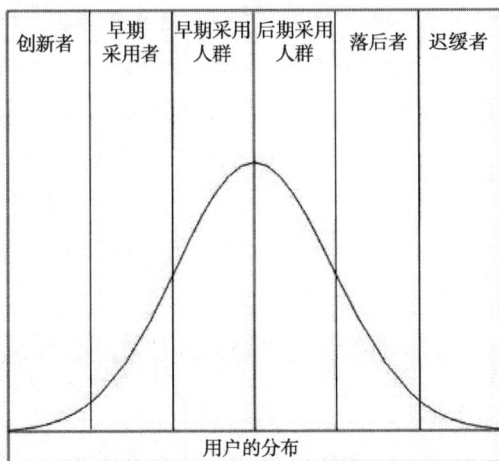

图1　两级传播模式

所谓创新扩散模式,即在一个社会体系的成员中,将经由特定通路,伴随着时间的演进,散播创新的过程及程序。影响创新扩散的程序则包含了四个关键因素:创新本体、散播通路、时间及社会体系。在该模式中,罗杰斯把创新扩散分为五个阶段:了解阶段、兴趣阶段、评估阶段、试验阶段和采纳阶段。创新扩散的传播过程可以用一条"S"形曲线来描述,参见图2。

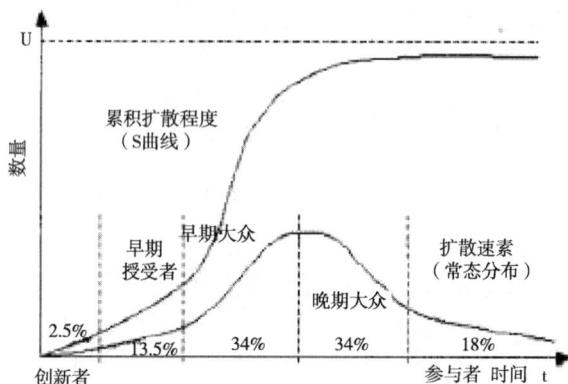

图2 创新扩散的过程

罗杰斯认为,创新事物在一个社会系统中要能继续扩散下去,首先必须要有一定数量的人采纳这种创新物。在扩散的早期,由于有诸多顾虑,采用者很少,进展速度也很慢;随着时间的推移,当采用者人数扩大到居民的10%~25%时,进展突然加快,曲线迅速上升并保持这一趋势,这就是到了所谓的"起飞期";在接近饱和点后,进展又会减缓。整个过程类似于一条"S"形的曲线。在创新扩散过程中,早期采用者(愿意率先接受和使用创新事物并甘愿为之冒风险的那部分人)作为第一批吃螃蟹的人,为后来的起飞做了必要的准备。他们这一看似"势单力薄"的群体却能够在人际传播中发挥很大的作用,劝说他人抛弃旧观念,克服顾虑,接受创新。在罗杰斯看来,早期采用者不仅对创新初期的种种不足有着较强的忍耐力,还能够对自身所处各群体的意见领袖展开"游说",使之接受以至采用创新产品。之后,创新又通过意见领袖们的有效运作迅速向外扩散。这样,创新距其"起飞期"的日子就很近了。

创新扩散理论是多级传播模式在创新领域的具体运用。罗杰斯认为,创新扩散总是借助一定的社会网络进行的,在创新向社会推广和扩散的过程中,信息技术能够有效地提供相关的知识和信息,但在说服人们接受和使用创新方面,人际交流则显得更为直接、有效。因此,创新推广的最佳途径是"双管齐下",将信息技术和人际传播结合起来加以应用。

7. 传播效果 "五项一般定理"

1960年J.T.克拉帕出版《大众传播的效果》一书,对上述主要研究成果进行了系统的梳理,提出了大众传播效果的"五项一般定律"。

① "大众传播在强化现存各种条件"即效果的过程中,通常不是唯一的原因,仅是众多中介因素之一,且只有在这种中间环节的连锁关系中,通过这种关系才能发挥作用。

② "媒介的作用方向更趋于强化而非引起变化",即大众传播最明显的倾向并不是引起受众态度的改变,而是作为影响因素之一对既有态度的强化。

③ 大众传播产生态度改变效果需两个条件——第一个条件是"中介性的各种因素无效,而由媒介的效果直接发生作用"。第二个条件是"通常朝加强的方向至力的中介因素,其自身转向了推进变化的方向"。即这些中介因素本身也在促进人们态度的改变。

④ 传播效果的产生受"特定的心理和生理"等因素的制约。

⑤ 传播效果的产生还受媒介本身的条件("媒介和传播自身的各种层面如内容的文法结构、传播来源和媒介性质、现实的舆论环境")等因素的影响。

不过,克拉帕特别说明,他的上述结论并没有暗示大众传播无能,而只是说其效果有限:

> 必须记住,一般情况下大大众传播对传播效果似乎只起到辅助的作用。不过,它常常是一种主要的或必不可少的原因,甚至是一种充分的原因。事实上,传播的效果是需要中介的。换言之,它尝尝与其他的影响因素一道起作用。对以下事实,我们不能视而不见:大众传播的独特属性使之有别于其他的影响因素,正是由于大众传播的特性,它才可能产生独特的效果。

以上成果对传播效果的制约因素进行了深入分析,是效果理论演进中的一个重要转机。它不仅改变了"枪弹论"的简单思维路径,也在更深更广阔的层面上深化了效果研究,既在效果的"个人反应"突出了大众传媒的局限性和效果的有限性,也在传播的"社会影响"上开创出一片新天地。后来这些研究被学术界称为"有限效果论"。

与此同时，美国学者霍夫兰在耶鲁大学等地所进行的系列说服性研究，也对否定"枪弹论"起了巨大的作用。

作为美国社会心理学的主要创始者，霍夫兰的研究兴趣主要集中在态度的形成与改变上，并且取得了辉煌的成就，其代表作就是《传播与劝服》一书。

所谓态度，一般指的是个人或团体对于某人、某物或某观念的心理倾向（喜欢或不喜欢）。霍夫兰认为，态度由认知、情感和行为所构成。其中认知（即对对象的了解）成分是态度形成的基础，情感（对对象的情绪反应）成分最关键，是决定一种态度的最主要的因素，而行为是情感的外在表现。

耶鲁研究主要利用实验方法研究了传播来源、传播方式和传播对象对态度的形成与改变的影响。实验结果表明：

① 可信度高或知名度高的传播者往往比可信度低或知名度低的传播者更能说服人，更能发挥传播的效能。也就是说，信源的可信性、知名度与说服效果之间存在着直接的关联，但也存在着"睡眠者效应"或"休眠效应"。

所谓"睡眠者效应"指的是随着时间的推移，人们的记忆对信源的可信度或知名度这些因素逐渐模糊或淡化，而对传播内容的印象依然深刻，即最后只记得内容，不记得具体的传播者。之所以如此，多数专家倾向于认为，这可能是由人脑的忘却机制的正常反应所致。

这个结论告诉我们，提高传播效果不仅要重视信源的可信度与知名度，树立良好的媒介形象，更要重视传播内容本身的真实性与权威性，只有这样才能取得预期的传播效果。

当然，严格说来，耶鲁的这项研究结论并不算很有创造性和新颖性。其实，早在二千多年前，古希腊的亚里斯多德在《修辞学》一书中曾经对此问题做过相似的论述，他说：

既然修辞术的目的在于影响判断（公民大会要作决议，审判要下判决），那么演说者不仅必须考虑如何使他的演说能证明论点，使人信服，还必须先使他具有某种品质，懂得怎样使判断者处于某种心情。演说者须显示他具有某种品质，须使听众认为他是在用某种态度对待他们，还须使听众用某种态度对待他，这些方法大有助于使人信服。

②传播来源的动机与其自身的利益无关或者相反时,其说服效果较好甚至可以达到最好。

③不同的传播技巧会产生不同的传播效果。

a.一面之词与两面之词。一般来说,对于存在着对立因素的问题进行说服时,人们往往有两种做法:一种是只讲对自己有利的观点和证据,另一种是既讲对自己有利的观点和证据,也讲对自己不利的观点和证据,供传播对象自己取舍。这两种方式到底哪一个更为有效呢?霍夫兰等人的研究结论是这样的:没有一定之规,主要视受众方的情况而定。

如果受众一开始就倾向于反对传播者的观点,那么把正反两面的意见都提出来就比只谈一面之词更为有效。因为这样做受众会觉得你是站在比较客观公正的立场上看问题,因而对你的意见就比较重视。

如果受众原来就倾向于接受传播者的观点,那么只讲正面就比正反两面都讲更好。因为这时对受众来讲,正面之词等于投其所好,进一步巩固了受众的预存认识。

对教育程度较高的受众,应将正反两面的意见一并陈述。假如对他们只讲一面之词,他们会觉得传播者轻视他们的理解力与辨别力,同时会认为传播者怀有偏见,内心发虚,害怕或无力面对反面事实。当然,正反都说并不意味着各打50大板,不置可否。而是说在宣传正面主张的同时,举出主要的反面论点,并进行分析与反驳。

对教育程度较低的受众(比如既没有受过高等教育,也没有受过中等教育者),最好是只说一面之词。因为把正反两方面的意见都摆出来,会使他们迷惑不解。特别是当反面观点也表达得十分充分,显得很有道理时,情况就更糟了,他们会觉得正面意见固然很好,而反面意见似乎也不错。公说公有理,婆说婆有理,到底谁是谁非他们可能比接受传播之前更感到糊涂,不知所措。因此,对他们最好只讲一面之词。

耶鲁进一步的研究还表明,两面提示由于包含有对立观点,使得受众对于此后遇到类似观点的宣传时有了心理准备,具有较强的抵抗力,就像人体接受预防接种疫苗一样,会产生免疫反应或效果。也就是说,对传播对象进行适当的反面教育(有意识地灌输一些负面信息,使他们的思想先对这类信息产生抵抗力),可以使他们在真正面对大量的反面信息时能保持原来的观点。

b. 先说与后说。根据心理学的首因效应与近因效应理论,受众对传播内容往往对最前面的内容和最后的内容印象深刻。那么该如何进行两面之词的表达呢?霍夫兰等人的研究结论是:很难说得清!一般来说,一开始就表明观点容易受到注意,而最后的观点容易被记忆。如果想让受众了解自己的观点,先说为好;如果想让受众牢记自己的观点,不如放在最后去表达。

c. "明示结论"与"寓观点于材料之中"。传播者传递给受众信息,一般会包含自己的观点或结论。那么结论由谁导出,或者观点或结论怎么样进行表达才最有效?霍夫兰等人的研究结果是:一般情况下,传播者明确表达观点比让受众自己得出结论效果更好。这对于比较轻信、头脑简单的人尤其管用。不过,对于那些聪明人,有时候含蓄地进行暗示,其所产生的效果也很不错。

关于这一点,亚里士多德曾经也有过研究,他在《修辞学》里指出:

结论不应该从很远的步骤推出来,也不应该把所有的步骤排列出来,因为前者由于太长了,意思反而模糊不清,后者由于要说出许多明明白白的道理而显得唠唠叨叨……

因为有教养的人讲的是普通的一般道理,没有教养的人讲的则是他们所懂得的、切身的经验。所以我们不应当根据所有的意见来论证,而应当根据判断者自己或他们所称许的人所承认的意见来论证。

d. "诉诸理性"与"诉诸感情"。说服性传播到底应该如何打动受众,这也是社会心理学研究的一个内容。对于这个问题,一般的做法无非是两种,一种是摆事实讲道理,谓之"诉诸理性"或"理性诉求";另一种是特意营造气氛或使用感情色彩强烈的辞藻来感染对方,谓之"诉诸感性"或"感情诉求"。实验结果表明,人终究是感性动物,一般情况下,左右人们态度的主要还是情感,理智型劝服影响的仅仅是态度的认知成分。因而"诉诸感性"的说服效果略好于"诉诸理性"。但也不能一概而论,有的问题适合于诉诸理性,有的则适合于诉诸感性。而且,由于每个人的性格、经历、文化水平不同,其行动受理性和感性的支配程度会有差异。无论哪种方法,正确把握问题的性质并充分了解说服的对象即目标受众,才是取得良好传播效果的基础。最好的办法是把两者有机地结合起来,晓之以理,动之以情,往往能收到最佳的效果。

e. 警钟效果（恐惧诉求）。所谓警钟效果，指的是在信息中包含威胁、警示的成分，使受众产生惧怕心理，从而影响其言行的一种传播手段。那么，威胁成分的程度如何把握就是一个问题。

贾尼斯等人的研究表明，在宣传一种主张时，由于过度的恐惧会产生生理上的抑制反应而容易被拒绝，轻微的恐惧比强烈的恐惧效果更好。不同程度的恐惧诉求，其效果会明显不同。敲警钟所唤起的心理紧张效果大小与诉求的强弱顺序基本一致，引起说服对象的态度和行为变化效果与之相反。因此"敲警钟"必须根据实际情况灵活掌握分寸。也有人认为，恐惧诉求的效果要看所针对事情的难易程度情况而定。如果解决方法简单明了，信息也因此简单明了，那么诉求越强烈，越容易生效。相反，如果解决办法复杂困难，就会令人生疑，此时信息传递越强烈，越有可能被拒绝。

不过，对于上述观点，学术界也有不同的看法。社会心理学家李文萨尔1966年的相关实验表明，最强的恐惧也最有效，受众受到的惊吓越大，其态度改变的可能及幅度则越大。

对于这个问题，似乎没有一个绝对的答案，只能靠人们根据具体问题作具体分析了。

f. 传播对象的性质。耶鲁研究的结果还表明，对于同样内容的信息，在不同的传播对象身上所产生的反应并不相同，也就是说传播对象的属性会制约传播效果。

在现实生活中，有的人很好说话，有的人则难以沟通。无论何种传播目的和内容都会遇到一些认死理的人，这就是所谓的人的"听从性"（接受他人劝说的难易程度）或"可说服性"问题。

一般来说，个人对自己的主观评价会影响人的"听从性"。那些社交范围广，拥有较多信息渠道的意见领袖、自我感觉良好或自信心较强的人，不大容易受一般传播内容的影响；而那些比较自卑、缺乏主见的人，则往往容易被他人的意见所左右。

此外，耶鲁研究还得出了以下一些有价值的结论：

① 心怀敌意的人比心怀善意的人更不容易接受他人观点的影响；

② 想象力贫乏的人比想象力丰富的人更难以被说服；

③ 内向型的人比外向型的人更难以沟通；

④ 遇事保守的人比具有社会进步倾向的人更难以被劝服;

⑤ 性格与习惯以及求知欲会影响传播效果;

⑥ 处于群体生活中的一般成员容易受到群体规范和群体压力的影响而产生从众心理与行为,这在一定程度上会制约大众传播对他们的说服效果。

后来学者凯利等人就团体对个人的影响做了进一步的研究,发现:

① 一般情况下,团体规范对个人的影响并不是很大,除非他在加工那些导致态度变化的信息时想到了自己是团体一员的身份。

② 要是一个人的价值观念和行为发生重要的改变,通常就要从改变其所珍视的团体身份入手。

③ 通过一定的实施步骤或暗示手段,团体的决策可以对个人产生一定的影响。

总之,以耶鲁研究为代表的系列成果表明:

① 单一的大众传播效果十分有限,并不能直接导致人们态度的改变,相反它更多的是强化现有的社会趋势和原有态度,很少发动社会变革。

② 媒介对个人生活的作用也有限,娱乐提供了方便且廉价的娱乐和信息来源,但这均不能对大多数人的日常生活构成重要或长期的影响。

③ 效果的形成并不简单取决于传播者的主观意愿,而是受到传播主体、信息内容、说服方法、受众属性等各种"条件"的制约和影响。

④ 大众媒体在美国政治和社会体系中的作用是非常正面的,它通过对现状的强化来支持美国的体制。

这些结论都是对"枪弹论"的有力回击,等于宣告了其死亡的命运。

当然,拉扎斯菲尔德等人的研究视角也是有缺陷的,主要表现在:第一,调查法和控制实验法都有严重的方法论局限,导致研究结论不那么可靠;第二,上述研究方法都属于微观的、短期的局部研究,不能反映出大众媒体对社会所产生的长远和宏观的影响。

应当指出,耶鲁学派的研究方法属于社会心理学中的学习论的范畴,而与之相对的是一致论。与耶鲁研究偏重于大众传播不同,一致论更关注人际传播。一致论把态度问题放在认知一致(人在各方面协调一致)的基础上进行研究。该理论认为,不一致会在人体形成心理紧张或不适感,因而会产生一种内在压力以消除或减弱不和谐,并尽力建立一致性。也就是说,态度的变化要适应一种整体性的认知结构。在传播学方面,就经常涉及一些如何处理不一致的信息、受众在面临不一致的信息的时候其态度是否改变以及如何改变等问题。一致论的代表理论有以下几种

1. 海德的平衡论

平衡论所讲的是两个人之间的关系在涉及第三者的时候可能出现的状态。海德认为,三者的关系如果都是肯定的,或者两种否定一种肯定,就是平衡状态;如果三者的关系均为否定的,或者两种肯定一种否定,就是不平衡状态。不平衡状态会使人心里紧张,由此会产生社会能够力求恢复平衡状态的倾向,由此会带来态度的变化。

海德的这一理论尽管存在某些局限甚至一些错误,但对传播学研究的启发却很大。特别是可以为研究受众的态度维持或改变提供启迪。

2. 奥斯古德等人的和谐论

严格说来,和谐论乃是平衡论的一个特例。和谐论研究的是受众、信源与事件的关系,这种关系也分为和谐与不和谐两种。

和谐的情形是:受众喜欢的信息源总是赞同受众的观点,批评受众所反对的观点。

不和谐的情形则是:受众所喜欢的信源对某人、某事或某观点的态度同受众的意见相反。

3. 纽科姆的均衡论

均衡论是在平衡论的基础上发展起来的,该理论认为一致性乃是"趋向均衡的努力",它主要探究人际关系,认为传播是一种维护人际关系的互动过程,可能会扩大相互一致的范围。即"传播的基本功能是使两个(A与B)或更多的个体之间对外部环境的物体(X)同时保持意向"。此即ABX模式。

该模式认为,人际之间要求态度与关系的一致的压力会刺激传播,在ABX三者关系处于不平衡的条件下,传播活动将会更加频繁,直到达到或恢复平衡状态。

均衡论告诉我们,受众一般会注意与其既有观点相符的信息源,寻求能支持或证实其行为的信息,以维护其既有态度。后来,其学生韦斯特里、麦克莱恩在该理论的基础上建立的旨在探讨大众传播过程的ABX模式在学术界有巨大的影响,可谓青出于蓝而胜于蓝。

4. 费斯廷格的认知不协调论

美国社会心理学家费斯廷格所提出的认知不协调论也是一致论中的一种。所

谓认知,指的是人们对一切事物的理解和反应。认知不协调即是指某个人同时有两个不协调或矛盾的认知,它会在心理上造成紧张与冲突,迫使人们设法改变这种状态并重建协调,这样就会影响态度的变化。重建协调一般有两种方法,一是自我辩解(按照自己的想法把那些不协调的认知尽量解释为协调,维持原有态度),另一个是转变态度。

上述一致论对于传播学的启示就是,在很多情况下,保持与恢复一致的心理趋向会影响与制约的传播效果。

三、适度效果论(或条件效果论)

综上所述,弱效果论或有限效果论的主要观点是,媒介所传递信息对受众基本没有多少效力。众所周知,传播学研究的中心议题乃是传播的效果问题。弱效果论这一结论一经得出,仿佛要判定传播学研究的死刑。其实,这一论断是对"枪弹论"的矫枉过正,显然与实际情形不相符。更为重要的是,如果按照弱效果论那样,过分地强调传播效果的有限性,会给现实社会中的传播活动带来巨大的消极影响,比如导致国家对传媒的必要监管、传播者的社会责任感丧失、内容格调低下的传播内容泛滥并毒害社会等。鉴于此,20世纪60年代之后,一种新的效果理论出现了,这就是适度效果论(或称为"中度效果模式")。该理论认为,媒介的功能不是那么强大,但也不是那么弱小。与此观点有些类似的条件效果论则认为,媒介效果的强弱要根据特定背景与传播对象的具体情况来判定。

适度效果论的代表性理论包括使用与满足理论、文化规范论等。

使用与满足理论已在前面受众分析中有介绍,该理论从受众这一新的角度,通过分析受众的媒介接触动机及其满足的需求来考察大众传播给人们带来的心理和行为上的效用,把能否满足受众需求作为衡量传播效果的基本标准,从而开创了从受众角度考察大众传播的先河。其意义表现在以下方面。

①受众的选择具有某种能动性的结论,有助于纠正此前的"受众绝对被动"的传统观点;

②揭示受众媒介使用形态的多样性,强调了受众需求对传播效果的制约作用,有利于否定"子弹论"等观点;

③指出大众传播对受众的一些基本效用(适度效果),有利于矫正"有限效果论"。

　　文化规范论的提出者是德弗勒,其在《大众传播理论》一书中表达了下述观点:

　　① 大众传媒所发出的信息可以形成道德的、文化的规范力量,来间接地影响人们的行为。

　　② 媒介可以通过长期的不断的有意识的信息传播,给受众提供解释社会现象的"参考框架",潜移默化地影响受众的认知和态度,以便让受众表明自己的观点或看法。

　　如德弗勒本人对这一理论所解释的那样,"大众媒介通过有选择地表现以及突出某种主题,在其受众中造成一种印象,即有关突出命题的一般文化是以某种特殊的方式构成或确定的。由于个人涉及某命题或情景的行为通常受到文化规范的指引,这样媒介就间接地影响到了人的行动"。

四、新强效果论

　　从"枪弹论",到有限效果论,再到适度效果论,传播效果的研究似乎经历了一个轮回。实际上也正是如此,适度效果论只是强效果论的重新崛起的前奏。20世纪70年代以来出现的议程设置理论、沉默的螺旋理论以及媒介依存才是真正形成系统的强效果论。

1. 议程设置理论

　　在介绍这一理论之前,有必要介绍一个词汇——媒介环境。所谓媒介环境,就是大众媒介有意无意中给受众营造的真假难辨的拟态环境。由于人们长期接触媒体,就很容易把媒介环境当作真实的世界,而对真实的世界毫无感觉。

　　关于这个问题,美国学者沃尔特·李普曼早在1922年发表的《舆论学》一书中就有了论述。李普曼认为,我们的身外世界(实际世界)越来越变得广阔而复杂,如今人们已很难直接去感知它、把握它、理解他,诸如关税、贸易、财政预算、战争与和平等众多人们必须面对的问题,都远远超出人们直接接触、亲身感受的范围。对于大多数人来说,身外世界是不能接触、不能看见、不可思议的,但是人们又十分需要与这个世界保持联系,为此需要建立一个"脑海图景",也就是想象中的世界。

　　李普曼认为,现代社会大众传播极为发达,人们的行为与三种意义上的"现实"发生着密切的联系:一是实际存在着的不以人的意志为转移的"客观现实",二是传播媒介经过有选择地加工后提示的"象征性现实"(即拟态环境),三是存在于人们意识中的"关于外部世界的图像",即"主观现实"。

所谓"拟态环境",并不是现实环境的"镜子"式的再现,而是传播媒介通过对象征性事件或信息进行选择和加工、重新加以结构化之后向人们提示的环境。大众传播是"拟态环境"的主要营造者。然而,由于这种加工、选择和结构化活动是在一般人看不见的地方(媒介内部)进行的,人们通常意识不到这一点,而往往直接把"拟态环境"作为客观环境本身来看待。也就是说,新闻媒介发挥着影响我们头脑中的图像的作用。李普曼指出:

回过头来看,对于我们仍然生活在其中的环境,我们的认识是何等的间接。我们可以看到,报道现实环境的新闻传给我们有时快有时慢;但是,我们总是把我们认为真实的情况当作现实环境本身。在设计现在我们行动所遵循的信念时是较难回想起这一点的。但是,对于别的民族和别的时代,当他们狂热地相信那些荒诞可笑的世界图像时,我们却较易看清并自鸣得意。我们坚信,根据我们事后清醒的认识,他们需要知道的世界和他们确实知道的世界,往往是十分矛盾的两回事。

显然,李普曼已经认识到了新闻媒介对于人们认识外部世界所发挥的巨大影响,不过,他对此问题的论述只是浮光掠影,真正揭开媒介舆论引导功能面纱的是政治学家科恩。他在1963年出版的《报纸与新闻政策》一文中指出:

在多数时间,报纸或评论不能让读者怎样想(what to think),但在让读者想什么(what to think about)上却是惊人的成功。

阿特休尔对科恩的这一贡献大为赞赏,认为"科恩的评价开辟了一个新的研究领域"。事实上,此后的议程设置研究就是从他的上述名言开始的。

所谓议程设置,又称为议程安排,指的是大众媒介为受众安排思考和谈论的话题,即决定人们谈什么,想什么,为公众安排议事日程。不仅如此,媒介还对公众复杂的议题做出解释和说明。议程设置研究主要是考察媒介的议程对公众的议程有多大的影响。其基本假设是,"受到某种议程影响的受众成员会按照该媒介对这些问题的重视程度调整自己对问题重要性的看法"。

1968年,美国传播学家麦库姆斯和肖开始对此问题进行实证性研究。他们调查了正处于美国总统竞选期间的部分选民,围绕这些选民所重视的主要社会问题,分析这些选民所接触到的大众媒介的信息内容,然后把这两者加以比较对照,以此来验证大众传播的议题设置作用的理论假设。这份名为《大众传媒的议题设置功能》的开创性研究报告在1972年发表后,在学术界引起巨大轰动。其主要结论如下:

在特定的事件和地点,公众谈论的问题正是媒介刻意突出的问题,而且公众视为最重要的事情也正是媒体最强调的东西。也就是说,大众媒介对某些问题或事物的强调程度,与公众对此类问题或事物的重视程度是一种正比例关系。

德弗勒对这一理论有高度概括:

议程理论认为,新闻媒介提供给公众的不是世界的本来面目,而是新闻媒介的议程——是对世界上发生的事件有选择的报道。提出议程理论的人试图描述和解释:

① 消息是怎样选择、编辑和提供的——即所谓的把关过程;

② 产生议程;

③ 这一议程对公众的影响(研究人们对新闻媒介报道的问题的重要性的看法)。

显然,该理论揭示了这样一个事实:大众传媒提供给公众的并不是世界的本来面目,而是新闻媒介的议程——是媒介对世界上发生的事件有选择的报告。大众传播机构根据自己的价值观和利益需要来传播信息,这显示大众传媒具有独特的隐性功能,这是传媒机构所发挥的一种长期的、综合的社会效果。从而再次证明大众传媒有很强的社会影响力,这一理论的提出,对当时十分盛行的传播"有限效果论"是一个有力的回击。

此后,不少学者都对这一理论进行了深化研究,这些研究包括:议程设置功能的作用机制、不同类型的"议题"研究、不同媒体的"议程设置"特点研究、议程设置功能与受众属性的关系研究等,并形成了一批颇有价值的成果。

当然,这一理论也有不足之处。众所周知,不同的社会类型、个性差异、接触媒介的习惯和偏好都会对接受信息有影响,并不是媒介所设置的每个议程对每个人都绝对有效。因此,议程设置的功能并不是那么强大。此外,该理论也没有解释明白这样一个问题:到底是媒介的议程决定了公众的议程,还是公众的议论决定了媒介的议程?换言之,该理论只强调了传媒"设置"和形成社会议题的一面,没有涉及媒介反映社会议题的一面。实际上,在现实生活中,很多公众关心的重大社会问题也经常登上传媒的议程,媒体特别是市场化运作的媒体常常会根据公众的兴趣点安排相应的信息内容来取悦公众。例如,在网络媒体上,很多议题都是网民提出并对媒体的议程设置产生巨大的影响力。

2. 议题融合论

也许是意识到了议程设置功能理论的某些不足,加上传播环境的巨大变化,麦考姆斯和肖经过反思和进一步的调研,在吸收了一致论的相关成果的基础上,于1999年(即提出"议程设置"假说后的第十七年)对该理论重新进行了修正,提出了一个源于而又高于"议程设置"的新假设——"议题融合论"。

"议题融合论"研究的出发点社会大众,着重探究社会大众为何使用各类传播媒介,以及使用传播媒介所达到的社会效果。

"议题融合论"认为,首先个人有强烈加入团体的愿望,然后他们通过大众传播媒介和其他媒介寻求与他们的需求、认知等一致的团体信息,避免那些与他们的需求、认知不一致的团体信息。

正是由于个人有强烈的融合于社会、加入团体的愿望,才促使人们使用包括大众传播媒介在内的各种传播媒介。并且,人们之所以选中某一种传播媒介,也是因为这一传播媒介的内容(即"议题")同他们的志趣相符,可以从中得到自己想要得到的东西。

3. "沉默的螺旋"理论

"沉默的螺旋理论"是德国学者诺尔纽曼提出的。她认为,由于在群体生活中的个人害怕被孤立,在发表自己意见之前往往会审时度势,如果觉得自己内心的想法与多数人的观点一致或者接近,就倾向于大胆表明自己的观点,反之则迫于环境压力转向沉默或附和。"这样,一方讲话另一方沉默的倾向便开始了一个螺旋过程,这个过程不断地把一种舆论确立为主要意见。"因为一方的"沉默"会造成另一方意见的增势,进而使"优势"意见更加强大,这反过来又迫使更多的持不同意见者转向"沉默",结果造成表面汹涌的舆论更加强势,表面平和的舆论更加弱势。

由于个人一般是根据媒体所提供的信息来判断社会上何种意见属于优势性舆论的,因此往往容易被媒体所操纵来做选择。媒体出于某种目的或利益,既可以把劣势的意见忽悠成优势舆论,也可以把优势意见忽悠成劣势舆论,媒体通过这种方式来营造"意见环境",诱导社会公众做出符合媒体利益的选择,从而操纵民意,控制舆论。

大众媒介通过下列三种方式影响"沉默的螺旋":

① 对什么是主导意见形成印象;

② 对什么意见正在增强形成印象;

③ 对什么意见可以公开发表而不会遭到孤立形成印象。

根据"沉默的螺旋"理论,大众传播时代的舆论受到三股势力的左右,即大众传播、人际传播和人们对"意见环境"的认知而造成的从众心理,舆论的形成是此三者相互作用的结果。其中大众传媒所起的作用是决定性的因素,因为人们对外界的认知主要通过大众传媒的相关信息,而如果某个观点被大众传媒持续不断地宣传,甚至成为主流意见时,即使是少数派的看法,也很容易被一般公众看作多数人的意见。在这种情况下,就会给那些与大众传媒所宣扬的观点相左的公众带来某种压力和不安全感,加上人际传播的影响,这些人为安全起见,只能选择沉默。

"沉默的螺旋"理论最大的特色在于其舆论观。该理论揭示了大众媒体的一个秘密——所谓舆论,其实就是"公开的意见",但未必真是多数人的意见。但在媒体运作下看起来似乎是"多数"人的意见。此外,该理论也通过大量材料有力地证明了媒介确实可以控制社会成员的认知,发挥巨大的社会影响,能够产生强大的效果。

当然,学术界对议程设置理论也存有争议,这些争议主要是围绕"对社会孤立的恐惧"和"多数意见"这两个话题展开的。有学者认为,这种恐惧在社会各阶层中并不绝对存在,而"多数意见"对人的社会压力也有大有小,要视具体问题具体人而论。

4. 媒介依赖论

该理论试图从整体和系统的角度对传播效果进行综合分析。这一论证媒介效果强大的理论,是美国学者德弗勒和洛基奇于1975年在《大众传播效果的依赖模式》一文中提出的。它由相互联系的三个部分组成:社会、媒介与受众。其基本观点如下。

在现代社会里,受众依赖大众媒介的信源,来了解和适应他们所在社会中发生的情况。受众在媒介的影响下将有以下反应:第一,认知方面:分歧的产生与消除;

态度的形成;议程设置;信仰体系的扩充;价值阐明。第二,情感方面:恐惧与担心的产生;信心的增减与情感的亲疏。第三,行为方面:问题的形成与解决;行动的产生与否;行动策略的影响。

如果人们越来越多地使用媒介来满足自己的需求,那么媒介在人们生活中的角色和地位就会越来越重要,其影响力也就会越来越大。如果没有媒介来履行这一功能,社会就可能处于一种失范或隔离的状态。

媒介依赖论旨在强调媒介有巨大的传播效果。自提出之后,学术界对这一理论一直有不同的看法,肯定者不多,批评者不少。鉴于此,后来这一理论又被改良,演变成了传播基础结构论。

5. 教化理论

"教化理论"(也称为"涵化分析""培养理论")是美国学者格伯纳在20世纪60年代后期,在针对美国的严重社会犯罪现象而做的一项对策研究中提出的。

该项研究主要分析媒体尤其是电视媒体画面的凶杀与暴力内容与社会犯罪现象之间的关系,以及这些负面内容对人们认识现实世界所造成的影响。经过系列调查分析后,格伯纳发现:

负面的电视画面内容与社会犯罪之间关联很小,但在少数案例中这些内容却是"诱发"犯罪的一个因素。

电视文化产生了一种主流的影响,同时,不同文化、社会和政治特征的差异也在电视中,结果,电视受众把很多歪曲的社会和政治世界内化了。

电视节目中,老年人为数不多,因此很多受众往往相应地低估了老年人的数目。电视画面的负面信息内容增强了人们对社会危险程度的认识。对这类画面接触越多,人们越有危险感。

因此,格伯拉认为,电视的内容对于受众来说是一种"象征性现实",对此类相同的信息接触越多,受众就会慢慢受到媒体的诱导和"教化",而按媒体的意图和解释(世界观、价值观和共同的角色观)来认识现实世界,从而形成自己(实际上是媒体)对于现实世界的基本看法。这在客观上就会使得受众对现存社会达成某种"共识",从而协调行动。由此可以得出结论,大众媒介实际上是维护现存制度的"文化武器",它在形成社会共识方面发挥着比传统社会中的教育和宗教更大的作用。

教化理论认为大众媒体对受众有潜移默化的影响,它可以塑造受众单一的世界观,使之千人一面,这在过去相当长的时期在一定程度上是符合事实的。但这种影响不宜过分夸大。实际上,在看电视多少与对世界的不同看法之间存在的相关性可能是由别的因素的影响所致。后来,教化理论的创立者意识到了这一点,并对该理论有所修正,加上了两个新概念——主流化与共鸣,并得出新的结论——电视与其他变量是相互作用的,对不同的社会群体而言,大量看电视会有不同的结果。当大量看电视导致不同社会群体的意见趋同时,就会发生主流化的后果;当教化效果在人口的某一特定群体中非常明显时,就会产生共鸣。

在当今新的媒体环境下,媒介内容非常多元,受众也不再是一大群乌合之众,他们有不同的理念和世界观,对媒体及其内容的选择性也很强,因此媒体很难再像以前那样,用完全相同的内容去熏陶大批的受众。当电视的选择权在观众手中的时候,期待所有的电视接触行为都产生教化效果是不现实的,事实上,教化理论仅适用于某些特定的节目。与其关注接触电视的频度,不如关注观众的年龄、性别、社会经济地位、看电视的意向和电视内容的真实感这些更能预测对他人的信任度的指标,只有这样,才有可能获得较为可靠的结论。

6. "知识鸿沟"论

该理论是美国学者蒂奇纳(又译为蒂奇诺)等人于20世纪70年代所提出的一项假说。该假说认为,大众媒介给受众经常提供大量信息,无论对社会经济地位高者还是低者都会带来知识量的增加。但由于两者已有的知识储备不同、各自接触媒介的类型、自身技能与经济条件有异,那些社会经济地位较高者通常能比社会经济地位较低者更容易快捷地获得相关信息。因此,随着时间的流逝,大众媒介传送的信息越多,两者间获得信息的差距就越明显,知识鸿沟就越来越有"变宽"与扩大的趋势。

该理论提出后不久,就遭到了来自学术界的反对代表人物是艾迪玛。1977年,艾迪玛等人有针对性地提出了"上限效果"假说。该假说认为:个人对特定知识的追求在数量和质量上是有限的,等相关知识达到某一"上限"后,知识量的增加就会减速乃至停止。社会经济地位高者获得知识的速度快,其"上限"来得也早;地位低者获得知识的速度慢,但随时间的推移也能在"上限"上赶上前者。因此,大众传播信息传播活动的结果并非带来社会"知识鸿沟"的扩大,反而应该是"知识鸿沟"

的逐步缩小。

其中的理由包括三个方面：

第一，信息源的性质决定相关知识有上限（一般来说，面对一般大众的信息源，只能提供常识性的知识）；

第二，受众本身对某种知识的吸收具有上限（足够了解相关知识之后就不再吸收了）；

第三，受众现有相关知识已达大众传媒所提供的上限。

"上限效果"假说有一定的合理性，但对其的批评也存在。对于是否普遍存在知识的"上限"，学术界有不同的看法，下面介绍的"信息沟"理论就是一例。

该理论是卡茨曼提出的，他认为新传播技术的采用将带来整个社会信息流通量和信息接触量的增大，但由此所带来的好处对所有社会成员并不是均等的。实际结果往往是，现有信息水准较高或信息能力较强的人能获得更多的信息，其他人只能获得较少的信息。随着新技术层出不穷，换代周期越来越短，其趋势可能是老沟未平，新沟又现。因此，大众媒介不可能实现整个社会成员的知识均等化。这个结论对于我们认识大众传媒的作用有很现实的意义。

7. 框架理论

框架的概念源自贝特尔森1955年所发表的一篇论文《一项关于玩耍和幻想的理论》。该文首次提出了"元传播"（即对传播符号进行定义和解释规则约定）这一概念。该文指出，传播活动包含有三个元素：感官刺激的符号；该符号的指代和区别性代指；传授双方围绕该符号产生互动行为的规则。

1974年高夫曼发表《框架分析》一文，将这个概念引入文化社会学研究中，后来"元传播"概念再被引入到大众传播研究中，成为定性研究中的一个重要观点。高夫曼认为，对一个人来说，真实的东西就是他或她对情景的定义。这种定义可分为条和框架。条是指活动的顺序，框架是指用来界定条的组织类型。框架指的是人们用来认识和阐释外在客观世界的认知结构。人们对于现实生活经验的归纳与阐释，都依赖一定的框架，框架使得人们能够定位、感知、理解、归纳众多具体信息。换言之，框架是人们在社会文化意识的影响下，根据过去的经验，把接触到的信息转换为主观思想的重要凭据，也就是人们或组织对事件的主观解释与思考结构，即定义或"建构"现实社会的机制。

框架分为个人框架与组织框架。

所谓个人框架,简单来说,指的是每个人认识客观世界的基本原则。而所谓的组织框架指的是一个组织处理信息的认知结构。

框架理论引入新闻传播领域后,就出现了"媒介框架"与"新闻框架"的概念。所谓媒介框架就是媒介组织进行信息处理的框架亦即原则,若用于新闻的选择、加工和新闻文本(书面语言的表现形式)的意义建构的研究,就被称为新闻框架。

通俗一点地说,新闻框架指的是新闻机构及其从业人员按照某种原则选择新闻事实,通过一定的符号体系(定性的关键词或图像等)对新闻事实进行加工处理(包括强调或忽略、安排背景等),形成对新闻事件的意义建构。

新闻框架研究主要关注下列问题:第一,新闻媒体怎样通过新闻报道来建构现实;第二,这种建构受到哪些因素的制约;第三,这种建构的最终结果是什么,会产生什么样的社会影响。

新闻框架对受众所产生的影响就是新闻框架效果。

实践证明,在不少情况下,新闻框架能够影响受众如何思考,如何处理和储存信息,并能将受众的注意力引到事实的某些方面,从而使其忽略其他方面。久而久之,就能框限受众主观认知世界的活动,使他们忽略框架外的世界。

不过,如前所述,框架包括个人与组织两类框架,这种框限的效果有限。由于个人框架的存在,受众也是根据自己的认知结构对新闻事件发表看法,并据此建构社会现实的。所以,在社会现实的建构中,有时候新闻组织框架和受众个体框架差异是很明显的,两者之间会有不一致的情形。

8. 第三人效果

该理论由戴维森于1983年提出。它的假设是,人们倾向于夸大大众媒介的某些内容对其他人的态度和行为的影响。其基本思想是,特定的消息"对你我这样的人没有什么效果,但是一般读者很可能受到很大的影响"。个人与对照群体的社会距离、感觉上的媒体接触的可能性都对第三人效果的大小有影响。

第三人效果理论包含有两个主要假设:感知假设和行为假设。感知假设认为,人们会觉得大众传媒的某条信息对其他人比对自己有更大的效果。行为假设认为,由于有了上述感知,人们会采取各种行动。

应该说,第三人效果有一定的合理性和说服力。但也有学者认为,人们与其说其他人比自己更容易受到大众媒介的影响,还不如说自己比想象的更容易受到大众媒介的影响,后者更符合实际。

9. 社会学习理论

该理论是班都拉提出的,这一理论认为,人的许多学习都是通过观察别人的行为产生的。

早期的强化理论的基本观点认为,当某种行为受到奖励而被强化时,学习的过程就发生了。如果这是唯一的学习方法,那么人们就会尝试其他各种各样的行为,并坚持那些能得到奖励的行为,抛弃那些容易导致惩罚的行为。

社会学习理论则认为,上述学习方法有些复杂,弯路走得太多,是一种低效率的学习途径。正确的做法应该是,依靠自身的观察并牢记在心,可以获得一些行为,并以此作为下一步行动的指南。人具有认识和思考的能力,可以从观察和体验中获取所需要的东西。许多人类学习都是通过观察别人所展示的各种行为而产生的。

大众媒介因其独特的优势,可以帮助完成这种学习,在人们进行社会学习的过程中取得相应的传播效果。

以上简要介绍了众多的传播效果方面的理论,每一个理论都试图解释大众传播的某一特别的方面。遗憾的是,迄今为止,传播学界却没有得出一个统一的完善的传播效果理论。不过,有一点似乎达成了共识,那就是:大部分媒介的效果都不会普遍产生,而能否取得普遍的效果则取决于其他的变量。这也说明,依靠单一的原因探究和单一模式的描述不可能全面地、科学地解释传播效果的问题。

参考文献

［1］[美]斯坦利·巴兰,丹尼斯·戴维斯.大众传播理论.曹书乐译.清华大学出版社,2004.

[2]邵培仁.传播学(第二版).高等教育出版社,2007.

[3]郭庆光.传播学教程(第二版).中国人民大学出版社,2007.

[4][美]威尔伯·施拉姆等.传播学概论(第二版).何道宽译.中国人民大学出版社,2010.

[5][美]赫伯特·席勒.大众传播与美帝国.刘晓红译.上海译文出版社,2013.

[6][美]沃纳·J.赛佛林等.传播理论:起源、方法与应用(第五版).郭镇之主译.中国传媒大学出版社,2006.

[7]徐耀魁主编.西方新闻理论评析.新华出版社,1998.

[8]李彬.传播学引论(修订版).新华出版社,2007.

[9][美]尼尔·波兹曼.娱乐至死(第二版).章艳译.广西师范大学出版社,2011.

[10][美]尼尔·波兹曼.童年的消逝.吴燕莛译.广西师范大学出版社,2011.

[11][法]古斯塔夫·勒庞.乌合之众:大众心理研究.[法]古斯塔夫·勒庞译.广西师范大学出版社,2011.

[12][美]詹姆斯·罗尔.媒介、传播、文化:一个全球性的途径.董洪川译.商务印书馆,2012.

[13][美]亨利·詹金斯.融合文化:新媒体和旧媒体的冲突地带.杜永明译.商务印书馆,2012.

[14][加]文森特·莫斯可.传播政治经济学.胡春阳等译.上海译文出版社,2013.

[15][美]约翰·迪利.符号学基础.张祖建译.中国人民大学出版社,2012.

[16][丹]克劳斯·布鲁恩·延森.媒介融合:网络传播、大众传播和人际传播的三重维度.刘君译.复旦大学出版社,2012.

[17][美]帕梅拉·休梅克.大众传媒把关.张咏华译.上海交通大学出版社,2007.

[18][美]约书亚·梅洛维茨.消失的地域.肖志军译.清华大学出版社2002.

[19]鲁曙明,洪浚浩主编.西方人文社科前沿述评:传播学.中国人民大学出版社2007.

[20]李希光著.转型中的新闻学.南方日报出版社,2003.

[21][美]丹·席勒.传播理论史.冯建三,罗世宏译.北京大学出版社,2012.

[22]童兵,陈绚主编.新闻传播学大辞典.中国大百科全书出版社,2014.

[23] 潘知常,林玮. 大众传媒与大众文化. 上海人民出版社,2002.

[24] 张国良主编. 20世纪传播学经典文本. 复旦大学出版社2005.

[25] [美]新闻自由委员会. 一个自由而负责任的新闻界. 展江等译. 中国人民大学出版社,2004.

[26] [美]爱德华·W·萨义德. 文化帝国主义. 李琨译. 三联书店2003.

[27] [美]大卫·克罗图等. 媒介社会:产业、形象与受众. 邱凌译. 北京大学出版社,2009.

[28] [英]尼古拉斯·加汉姆. 解放传媒现代性:关于传媒和社会理论的讨论. 李岚译. 新华出版社,2005.

[29] [法]加布里埃尔,塔尔德. 传播与社会影响. 何道宽译. 中国人民大学出版社,2005.

[30] [美]罗伯特·洛根. 理解新媒介. 何道宽译. 复旦大学出版社2012.

[31] 殷晓蓉等. 社会转型中的演变:当代人际传播理论研究. 复旦大学出版社,2014.

[32] 多种声音,一个世界. 联合国教科文组织编. 中国对外翻译出版公司第二编译室译. 中国对外翻译出版公司,1981.

[33] [美]斯蒂芬·李特约翰. 人类传播理论. 史安彬译. 清华大学出版社,2004.

[34] [英]戴维·巴勒特. 媒介社会学. 赵伯英译. 社会科学文献出版社,1989.

[35] [美]阿特休尔. 权力的媒介. 裴志康等译. 华夏出版社,1989.

[36] [美]德弗勒等. 大众传播通论. 颜建军等译. 华夏出版社,1989.

[37] 李金铨. 大众传播理论. 台北:三民书局,1982.

[38] 董天策. 问题与学理. 中国传媒大学出版社,2007.

[39] [加]马歇尔·麦克卢汉. 机器新娘. 何道宽译. 中国人民大学出版社,2004.

[40] [美]保罗·莱文森著. 莱文森精华. 何道宽编译. 中国人民大学出版社,2007.

[41] [英]奥利弗·博伊德-巴雷特,克里斯·纽博尔德编. 媒介研究的进路. 汪凯等译. 新华出版社,2004.

[42] [美]约瑟夫·R·多米尼克著. 大众传播动力学. 蔡琪译. 中国人民大学出版社,2004.

[43] [美]特里·K·甘布尔等. 有效传播. 熊婷婷译. 清华大学出版社,2005.